文春文庫

続・怪談和尚の京都怪奇譚

三木大雲

文藝春秋

目次

続・怪談和尚の京都怪奇譚

はじめに

本書に書かせていただきました内容は、私が見聞きしたお話ばかりです。

しかしながら、完全にそのままを掲載することは避けております。体験者、関係者の方々には、掲載許可をいただいてはおりますが、場所や個人を特定できないように配慮し、名前はすべて仮名といたしました。そのため、一部内容を事実とは変えてあるものもありますので、ご了承いただければ幸いです。

こう申しますのは、お話のなかには科学的根拠のないものも多く含まれ、体験された方々が誹謗中傷される危険性があるためでございます。そう言った意味では、本書は、事実に基づいたフィクションと表現する方が正しいのかもしれません。

それならば、書かない方が良いのではないかというご意見もあることと思いますが、私が本書を書かせていただきましたのには、一つの目的がございました。

それは、怪談や奇談、人間には理解できないようなお話の中には、私たち生きている人間が、学ぶべきものがあるように感じるからでございます。

話の信憑性を議論するよりも、そこから神仏の存在、ご先祖さまへの感謝、亡き人々の思いを感じて、私たちの生活に役立つ教えや戒めを汲み取って、お伝えできればと思い、一編一編を綴らせていただきました。

どこからお読みいただいても結構です。昔話を読むような感覚で、お読みくだされば幸いに存じます。

第一章

無念

生きとし生ける者は、必ず心を持っております。いや、既に命が尽きた死者にも心はあり続けるのです。

この心という文字を上からすっぽりと覆い隠した姿を基に出来ましたのが「念」という文字であります。ですから念という文字は、一つのことを一途に思い、そこから離れられないという心を表しているのです。

この念から離れた状態を仏教では「無念」と申します。ですから元来無念とは、執着から離れた、素晴らしい境地を表した言葉であります。しかし現代においてはなぜか、何かに囚われているという、逆の意味にとられることが多くなりました。

さて、この念というものですが、目に見えるものではありません。ですから本当にあるのかどうかも科学的には証明できるものではありません。

しかしながら世の中には、命ある者、既に亡き者による念が、満ちあふれており、善き思いの念もあれば、悪しき思いの念もあり、それらによって引き起こされる怪異が実際に多くございます。

命が尽きても、未だ生き続ける念には、果たして終わりはあるのでしょうか。

ノック

知り合いの男子大学生から「心霊スポットに一緒に行きませんか」と連絡がありました。

私は、時折こういうお誘いを受けます。ですが、供養目的であったり、行く必要に迫られて行かれる場合以外は、同行致しません。

ましてや、今回の場合は、夏と言えば心霊スポット、という興味本位なものでしたので、もちろんお誘いはお断りさせていただきました。

その後、彼は何人かの友人を誘ったようですが、全員に断られ、結局一人で心霊スポットに行ったということでした。今にして思えば、この時、私が付いて行ってあげれば良かったのかもしれません。

ここからは、後に彼から聞いた衝撃的なお話です。

僕は心霊スポットを一人で堪能して、一人暮らしをしているアパートに着いたのが、深夜の一時を少し回った頃でした。

その日は、蒸し暑い夜で、部屋に入るなり僕は、ベッドの枕元に置いたクーラーのコントローラーに手を伸ばし、電源を付けました。

さっき行った心霊スポットで、携帯で撮った写真に何か写ってはいないか。その確認作業もまた、僕の中では夏の風物詩となっていたんです。

数枚の写真を拡大してみたり、色を明るくしてみたりと、じっくりと確認していたその時、「コンコン」という音がどこかでしました。

「気のせいかな」と静かに耳を澄ますと、再び「コンコン」と聞こえてきたんです。その音は、明らかにベランダから聞こえてきました。しかも、ベランダのサッシ窓をノックする音のように思いました。

僕はベランダのカーテンを開けて、サッシ越しにベランダを見ましたが、何かがサッシにぶつかった形跡も何もありませんでした。

再びカーテンを閉めた僕は、少し怖くなり、誰かの声を聞きたくなって、テレビを付けようとテレビのリモコンに手を伸ばしたその時、再び「コンコン」という音がしました。

しかもその音の鳴った方向は、ベランダからではなく、玄関からでした。何かが玄関のドアをノックしたのです。

時計に目をやると、深夜一時半でした。こんな深夜に誰かが訪れるはずがない、と考えていると、再び玄関から「コンコン」というノックがしました。

僕は思いきって、玄関のドアを開けましたが、そこには誰もいませんでした。

さすがに怖くなって、玄関のドアの鍵を掛け、ドアチェーンも掛けて、再びベッドの部屋に戻ると、カーテンが揺れていたんです。僕がカーテンを開けると、絶対に閉まっていたはずのサッシが開いていたんです。

もう何も考えられず、サッシを閉めて、鍵を掛け、電気も消さず、寝間着に着替えることもなく、そのまま頭まで布団の中に潜り込みました。この時なぜか布団の中は安全なような気がしたんです。そしてそのまま「早く朝になってくれ」僕は心の中で祈りました。朝日が昇るまで、布団の中から出ないでいようと考えたのです。

布団に入って、十分程が過ぎた時、着替えもしていない僕は、クーラーが効いているとはいえ、暑くなってきました。このまま朝までいると、脱水症状を引き起こしそうでした。ですからもう少しクーラーを強めようと思いました。

クーラーのリモコンは、いつも枕元に置いているので、少しだけ手を伸ばせば届く場所にある。そう思って、片手だけを布団から出して、リモコンを探りました。ですがなかなか見つかりません。そこで、布団の中から少しだけ枕の方を見てみました。すると、真っ暗で何も見えませんでした。

部屋の電気は点けたままだったはずなのに、なぜ消えているんだ……？　さらに怖くなった僕は、再び布団の中に全身を隠しました。

その時、突然「ピピピピ」という電子音が鳴り、エアコンが「ゴーゴー」という大きな音を立てて動き出したのです。

何者かがこの部屋の中にいる。きっとベランダから入ってきたに違いない。玄関のドアをノックしたのは、きっとベランダから気をそらすための作戦だったのだろう。一体何がしたいんだ。目的は何なのだろうと考えていて、ふと気がついたんです。明らかに部屋の温度が上がっている。先ほどの電子音は、エアコンの暖房を全開にしたスイッチの音だったのです。今度は僕を布団から出そうと考えているようでした。

その時、再び「コンコン」というノックが聞こえてきました。その音は、明らかに僕の寝ているベッドの下からです。

「コンコン、コンコン」

乾いた木を叩く音。暑さに喉の渇き。何にもまして、この恐怖に、朝まで耐えられそうにない。そう思った僕は、意を決して、部屋から逃げ出す決心をしました。

何度も深呼吸をして、心を落ち着かせました。部屋の中で何があっても、止まらずに玄関のドアから外に出るぞと自分に繰り返し言い聞かせました。

大きく息を吸い込んで、心の中で「いち、にの、さんっ」と数え終わると同時に、布団を両手ではね上げて、ベッドの上に立ち上がりました。部屋は真っ暗です。僕はベッドから降りようと、右足を床に下ろした瞬間、何者かに右足首を摑まれました。

僕はそれを確認することもせずに、思いっきり何かを引きずりながら、玄関のドアまで走りました。

ドアの鍵を開けて、キーチェーンを外していると、今度は左膝の上辺りを後ろから摑まれました。それと同時に右腰の辺りにも摑まれた感覚がありました。恐らく何者かが僕の背中を登り始めたのだと感じました。

ようやくキーチェーンを外し終えて、僕はドアを思い切り開けました。するとその時、僕を呼ぶ声がしたのです。心臓が止まるほど驚いた僕の目の前には、大雲住職が立っておられました。

そうなのです。私は、その夜、なぜか彼のことが気に掛かり、深夜でしたが彼の部屋をちょうど訪れたまさにそのとき、血の気が失せた彼と出くわしたのでした。彼は汗だくでドアの外に飛び出して来ました。私はその背中をずっと擦りながら、お寺まで連れて帰りました。背中を擦りながら帰ったのは、もちろん彼を落ち着かせるためでもありましたが……、この時、その背中は無数の手に摑まれており、放ってておけばどこかに引き摺りこまれそうな気がしたからです。

彼を恐怖のどん底に引き摺り込もうとしたその手は、もしかすると、心霊スポットから彼自身が部屋まで連れてきたのかもしれません。

映画サークル

「是非、心霊映画の監修をお願い出来ませんか」

そう私に尋ねてきたのは、某大学の映画サークルの学生さん達でした。

私には、監修というものの意味がわかりませんでしたが、映画制作のすばらしさや、今回の作品に対する意気込みなど、一つの目的に突き進む、若者特有のまっすぐさに感銘を受け、気づけば快諾をしてしまっていました。

今にして思えば、この時によくよく考えるべきことだったと反省をしております。

その反省の始まりは、映画のロケハンが切っ掛けでした。ロケハンとは、舞台となる場所や建物などを事前に調査すること、いわば下見撮影のようなものです。この日は、京都市内にある廃ビルに行くということで、三人の学生さんが待ち合わせていました。しかし、その日に限って、急遽二名が腹痛を訴え、行けなくなったのだそうです。

　残された一人は、女子学生でした。普通ならここで、不安や恐怖を感じ、少しは躊躇したのでしょうが、彼女の場合は違いました。心霊映画を撮るからといって、怪奇現象を信じている訳ではなかったのです。

　彼女は、ハンディーカメラを持って、一人で現地を訪れることにしました。

　この廃ビルは、怪奇マニアの間では、比較的有名な建物ですが、彼女のように、初めて訪れる人には、少しわかりにくい場所にあります。ですから、目的の廃ビルに到着したのは、夕方近くだったそうです。

　建物は、ビルというには低い、三階建てで、中央に入り口。左右対称に部屋があり、外観はまるで、大きく口を開けた人の顔のようだったと彼女は教えてくれました。

　早速カメラを回しながら、建物へと入る。左右の部屋を撮影し、上の階へ。最上階の三階まで上がり、左側の部屋へと入って行く。各部屋の構造は全く同じで、大

きな窓があります。しかし、この部屋の窓の下にだけ、赤いスプレーのようなもので、

「ゼッタイニノゾクナ」

と書かれてあったそうです。

この時、彼女は良い〝絵〟が撮れると喜んだそうです。そして、ハンディーカムの液晶画面に目をやりながら、ゆっくりと窓に近づき、窓から下をのぞき込みました。下には、セメントで固められたひび割れた地面が広がっていました。

撮影を終えた時には、辺りは薄暗くなっていたそうです。心霊現象なんて信じない彼女ですが、さすがにうすら怖さを感じ、すぐに引き上げました。

大学の部室に戻った彼女は、早速、撮ってきた映像を再生し、編集し始めました。こんな風に撮影したらどうかと、他の部員にプレゼンをしようと思ったのだそうです。

編集をはじめてから、どのくらいの時間が経ったのか、気がつけば大学内は、静まり返り、時計の針は、十二時を少し回っていました。

「今日は、泊まっていこうかな」

部室には、遅くなってしまった時用の簡易ベッドが置いてあり、彼女はそこに横になりました。

あくる日の朝、体調の戻った男子学生二人が部室にやって来ました。

「昨日はごめん」と言いながら入ってきた二人に、彼女は、先程見た夢の話を始めました。

それは、昨日訪れた廃ビルの三階の部屋。カメラの液晶画面を覗きながら、窓にゆっくり近づき、下をのぞき込む自分。すると、見下ろした一階の地面には、「おいで、おいで」と声を出しながら、ゆっくりと手首だけで手招きする男性がいたという夢だったそうです。

「これは作品に使えそうでしょ」

彼女は満面の笑みで答えましたが、男子学生二人は、少し引き気味にその話を聞いていたそうです。

その日、他に撮影に出ていた部員も集まり、すべての映像のチェックが始まりました。使えそうな映像とカットする映像など、作業は深夜まで続きました。

結局この日も、彼女は部室に泊まることにしました。そして、隣の部室を借りて、そこには男子学生二人が泊まることになりました。

部室の電気を消して、彼女はベッドに横になりました。連日の疲れからか、目をつむるとすぐに深い眠りへと入っていきました。

ここは——あの廃ビル。彼女は、「また同じ夢だ」と、夢を見ながら感じたそうです。ゆっくりとカメラを覗きながら窓に近づく。赤いスプレーで書かれた「ゼッタイニノゾクナ」の文字。カメラはゆっくりと一階の地面を映し出す。するとそこには、一人の男性がまた立っている。しかし、今回は少し様子が違う。その男性は、両腕を大きく振りながら、「飛び降りろ、早く飛び降りろ」と大声で叫び、凄い形相で、こちらを見ている——。

飛び降りないといけないような気がして前に進んだ刹那、急に腹部に強い圧迫感を感じたそうです。

そして、「何をやってるんだ！」という大声が、大学の廊下に響き渡りました。

はっと夢から覚め、気がついた彼女は戦慄を覚えます。いつの間にか部室から出て、廊下の窓からまさに飛び降りようとする寸前だったのです。男子学生が腰に抱きついて止めてくれなければどうなっていたか。彼女は震えが止まりませんでした。

この事件があったため、今回の心霊映画制作は、中止になりました。

今はもうなくなったこの廃ビルですが、ある人は、この廃ビルの三階の窓を、「呼び込みの窓」と呼んでいたようです。

あっち

私のお寺では、お彼岸やお盆などの行事を行いますが、この行事には、檀家さん以外の方でも、どなたでもお参りいただくようにしております。

ある年のお盆の行事に、東北の方からお仕事の関係で、京都に引っ越してこられた若いご夫婦が来られました。ご主人も奥さんも、お二人ともすでにご両親が他界されておられましたので、その供養をしたいとお越しになりました。

「お二人のご両親共に、若くして亡くなられたんですね」私は、持ってこられたお位牌を見ながらそう言いました。

するとご主人が「そうなんです。実は家内の両親も私の両親も、同じ時になくなったんです」とおっしゃいました。

詳しく話をお聞きしますと、お二人の結婚式の後、お二人は新婚旅行に海外へと行かれました。

そして、お互いのご両親には、感謝を込めて国内の温泉宿を取って、旅行をサプライズプレゼントされたそうです。

ここまでは幸福に満ちたお話だったのですが、ご両親がお泊まりになった旅館が火事になり、ご両親が四人とも巻き込まれて亡くなられたそうなんです。

旅行をプレゼントされたご夫婦は、大きな後悔と責任を感じられ、大変落胆されました。

ですので、転勤の多いお仕事をされておりますが、どこに引っ越しをしても、近くのお寺を探して、供養だけは、欠かさず行っておられるとのことでした。

ご夫婦には二歳になる男のお子さんがおられますが、おじいちゃん、おばあちゃんと呼べる存在がいないことに、子供に対して申し訳なさを感じておられました。

それから数ヶ月後、再びご夫婦がお寺にお越しになられました。

「私の子供におじいちゃんが出来ました」

私はおっしゃっておられる意味が分からなかったのですが、よく見ると、ご夫婦家族の横には、初老の男性が立っておられました。

この初老の男性は、息子さんのもう一人のおじいちゃんなのだそうです。詳しくお話をお聞きしますと、なるほどと合点のいくお話でした。

ご家族と男性のご縁は、お寺での行事に出席し、ご両親の供養をした帰りのことだったそうです。

お寺を出たのが夕飯時だったので、そのまま自宅近くの小料理屋さんに家族で行かれました。

店内に入って、席に座るやいなや、子供さんが突然大声で泣き出したそうです。どうしたのかとあやしてもなかなか泣き止まず困っていると、隣のテーブルに座っておられた初老の男性が、一緒になってあやしてくれたそうです。しかし、それは逆効果だったようで、更に子供は大声で泣き始めたそうです。

するとお店の店員さんが、「望月さんは子供が好きなんだけど、嫌われてしまうんですよ。いつもかえって子供を泣かしてしまうんです」とおかしそうに教えて下さったのだそうです。

望月さんと呼ばれた初老の男性は、恥ずかしそうに頭をかきながら、「すみませんね」と頭を下げられたということです。

やがて子供は泣き疲れたのか、気持ちよさそうに眠ってしまいました。

ご夫婦が、「子供が大声を出して申し訳ありませんでした」と望月さんに謝罪すると、

「いやいや、こんなにかわいい坊やを孫に持ったおじいちゃん、おばあちゃんは幸せ者ですね」

優しい笑みを浮かべて、子供の寝顔を見ながらそう言われたそうです。

そこで、実は両親が亡くなっていること、祖父母を欲しいと思っていたこと等をお話しし、出来ればこの子のおじいちゃんになってもらえないかと相談されました。

望月さんには、家族がなく、親戚とも疎遠でさみしいので、私で良ければと快諾して下さったそうです。

それからは、望月さんを自宅に招き、一緒にご飯を食べたり、本当の家族のような時間を過ごされたらしいのです。

しかし、困ったことに、子供さんが全く懐かず、望月さんが近づくと「あっち、あっち」と向こうに行くように言うというのです。

それでもめげずに、子供にお菓子や玩具を買って来てあげても、大泣きしながら「あっち、あっち」と泣くんだそうです。

「はいはい、あっちに行きますよ」といって、望月さんは、苦笑いしながら、少し離れたところで見ているだけなんだそうです。

それでも今では、本当のおじいちゃんのようになって下さっており、ご夫婦は両親にもこのことを伝えたいと、お寺に一緒にお越しになられたのです。

亡くなられたご両親の供養と共に、自分達の家族の家内安全の祈願もして欲しいとおっしゃいました。

私のお寺では、祈願をさせていただく場合、必ずその方のお名前やご住所をお聞きします。ですので、紙とペンをお渡しして、書いて下さるようにお願い致しました。

「そう言えば、望月さんの住所ってどこでしたっけ」

どうやらご夫婦も望月さんのご住所をご存じないようです。

「ご住職、私も住所を書かなくてはいけないんですか」

申し訳なさそうに望月さんがお聞きになられました。

「申し訳ありませんが、祈願の時に仏さまにご報告しますのでお書き願えますか」

そう私はお伝えしました。

すると男性は、今まで柔和な笑みを浮かべておられた方とは信じられない形相で怒り始めたのです。

「なぜ、住所を教えなくてはいけないんだ。何か調べるつもりか！」

私はあまりに突然のことで驚いていますと、ご夫婦は私以上に驚かれたご様子でした。

「望月さん、どうされたんですか。ご住職に住所を書いて渡すだけですよ」

そう声を掛けられた望月さんは、少ししまったという表情を浮かべると、小さな声で「申し訳ない」とおっしゃって、そのまま一人でお帰りになりました。

残されたご夫婦は、今回はご両親の供養だけをされて帰って行かれました。

そんなことがあってから、数ヶ月が経ったある日、お子さんを連れてご夫婦がお寺にお越しになりました。

「三木住職、ちょっと聞いていただきたいことがあるんです」

ご主人は、神妙な面持ちで話し始められました。

最近、息子がよく話が出来るようになってきたんです。ある日のことなんですが、夕食の準備をしている家内に、息子がこう言ったそうなんです。

「ママ、おじいちゃん来るの」

「今日はおじいちゃん来ないよ、どうして」

「よかった。だっておじいちゃんの隣に時々、あっちい、あっちいって人が言ってるでしょ。おじいちゃんは好きだけど、その隣にいる人は嫌い」

訳が分からないまま、私が今一度息子から詳しい話を聞くと、どうやら息子の目には、望月さんの隣で、「熱い、熱い」と言って燃えている男性の姿が時折見えていたそうなんです。

ですから、息子が「あっち、あっち」と言っていたのは「あっちに行って」というよりも、その男性が熱がっていることを知らせたかったようなんです。

もしかしたら、前回のご祈禱を嫌がったのは、望月さんに何か悪い霊が取り憑いていて、その霊が邪魔をしたのではないでしょうか。行きつけのお店の店員さんで、望月さんの住所を知っている人がいたので、今日は住所を持って来ました。

本人はおられませんが、ご祈禱をお願いできませんか――。

このようなお話をお聞きし、もちろん私はご祈禱を引き受け、ご夫婦とお子様、そして望月さんのご祈禱をさせていただきました。無事に終えると、ご夫婦はお帰りになりました。

その後、なんとなく望月さんとお会いした時のことを思い出しました。お寺で住所を書くのを嫌がった望月さんは、「何か調べるつもりか」とおっしゃいましたが、あの言葉はどういう意味だったのだろうか。なんとなく気になった私は、インターネットでその住所を調べると、ある記事が目に入ってきました。

それは、望月さんの住所とは一つ番地違いでしたが、火災によって家が焼失したとの記事でした。この火災により、男性がお一人、焼死体で発見されたとありました。そして、火災の原因は放火によるもので、未だ犯人は見つかっていないというのです。

僧侶という立場でありながら、むやみに人を疑うものではありませんが、もしかしてその犯人と、望月さんに繋がりがあるのかもしれません。もしかして、その犯人とは……。

私にできることは、しばらくの間、この火災でお亡くなりになられた方の供養をさせていただくことだけでした。

パン屋さん

京都の町を歩いておりますと、頻繁に目にするお店があります。

それは、パン屋さんです。京都といえば、漬け物が有名ですから、パンをそこまで食べるというイメージがないかもしれません。しかし、京都の人は、よくパンを食べます。理由については私も分かりませんが、私もパンが大好きで、少ない時でも一週間で、五つは口にしています。

さて今回は、京都のとあるパン屋さんで起こった出来事についてご紹介したいと思います。

そのパン屋さんは、開店して、まだそう日が経っていない新装のパン屋さんです。

夫婦でパン屋さんをするのが夢で、今まで貯めてきた貯金とローンを上手くやり繰りして、やっと手にしたお店です。

開店当初は、お客さんの評判もよく、このまま行けば、リピーターのお客さんを摑めると確信出来るほど順調だったようです。

しかし、三週間目辺りから、急に客足が伸びなくなってきました。しかも、毎日のように買いに来てくれていたお客さんも、なぜか来てくれなくなったというのです。

その日以来、味が悪いのか、接客に問題があるのかなど、夫婦で毎日のように話し合われたそうです。しかし、答えは出ません。そこで、お客さん達に、どこが悪いのかを直接聞いて、素直に問題点を改善しようと決めました。

次の日、試食を持って、店の前に立ち、顔見知りのお客さん、初めてお会いする方などに、実食をして貰い、感想を尋ねました。しかし、どのお客さんも、なにが悪いのかをいくら聞いても、言いにくいのか、美味しいと言ってくれるだけで、特に問題はないと言うばかりでした。そんな時、以前、毎日のように通ってくれていたお客さんが通り掛かられたのです。すかさず、挨拶をして、試食を差し出し、なにか問題があるのかを質問したのです。

すると、意外な答えが返ってきました。

「味も、接客も何も問題ないですよ。でも、何かこのお店に入りにくいんです」

詳しくお聞きすると、どこがどう入りにくいのかは、説明できないということでしたが、それを近くで聞いていた他のお客さんからも、「そうそう、理由は分からんけど、なぜか入りにくいんですよね」と同調する声があがったのです。

その日、店を閉めてから、今日言われた問題点について、お二人で話し合いをされました。

「今回のお客さんの声をどう思う」

奥さんの質問に、ご主人は、言いにくそうに答えられました。

「実は、おまえに内緒にしていたけど、一つだけ思い当たることがある」

内緒という言葉に、今まで一緒に頑張ってきた奥さんは、少しショックを受けたとおっしゃっていましたが、ご主人が内緒にしていたのは彼なりの優しさであったことが分かって、心のつっかえが取れたと言っておられました。

ご主人が隠されていたこと。それはお店を始めてすぐの頃に起きたことだったそうです。このパン屋さんは、朝に買いに来るお客さんが多いので、深夜の二時か三時にはその日の仕込みをされるそうです。仕込みはご主人が一人でしていて、開店の一時間ほど前に奥さんがいらして掃除などの開店準備をされます。

ご主人が一人でお店にいるとき、毎日ではないらしいのですが、時々、地響きがするくらい、「ドンッ」と大きな音がするそうなのです。

もちろん、音の原因を色々と調べたそうですが、結局分かりませんでした。そこで、お店を建てたときにお願いした工務店さんにも相談し、大工さんに来てもらい、確認してもらいましたが、お店や建物自体には何の問題もないとのことだったようです。

ちょうどその時、気になることを大工さんから耳にしたというのです。それは、このお店が出来る以前、ここは駐車場でした。しかし、隣のビルから、この駐車場めがけて、人が飛び降り、亡くなられたそうです。もしかすると、その方の霊が、夜な夜な供養を求めて飛び降りた時の音を再現しているのではないかというのです。

実はご主人は、ここで飛び降り自殺があったという事実は、お店を出す前に不動産屋さんから聞いて知っていたのです。いわゆる事故物件であることを承知で、安く土地を提供してもらったのです。これを奥さんに話せば、恐がりな奥さんはきっと気に病むだろうと内緒にしていたのです。しかし、事ここに至っては悠長に構えてはいられません。もしかしたら、自殺された方の霊の影響で、お店に入りづらい何かがあるのかもしれないと、お二人は考えられたのです。

ということで、ご夫婦揃ってお寺に相談に来られました。

早速、その方の供養をお寺で行い、今後も定期的に続けることを約束しました。これで問題は解決する、そう私たちは考えていました。しかし、この問題は、それだけでは解決しなかったのです。数日後、またご夫婦がお寺に来られました。

「深夜の地響きが、前にもまして酷くなったように思うのです」

私は、正直大変驚きました。前よりも地響きが酷くなったという事実にもショックを受けましたが、お二人の表情が、疲労と心労、睡眠不足とが合わさったためか酷く疲れ切っておられたからです。

「少し、お時間をいただけませんか」

私は、この時、何か思い違いをしているのではないかという気がしてならなかったのです。ですから、改めて供養すべき人のことをきちんと調べよう、そう思ったのです。その間、ご夫婦は実家に間借りして、お店はしばらく閉めることにされました。

一刻も早く解決しなければならない。私は責任を重く受け止め、早速、その店が建つ前の事故について、色々と聞き込みをし、当時の新聞などを調べました。

そして、三日後、私は大きな見落としをしていたことに気がついたのです。確かに、飛び降り自殺があった日、飛び降りた方は、不動産屋さんがおっしゃったように、亡くなられていました。

しかし、その場には、もう一人おられたのです。駐車場に車を止めた女性が、まさに車から降りたその瞬間に、頭の上から人が落ちて来たのです。なんという偶然でしょうか。直撃を受けた女性は、残念なことにお亡くなりになってしまいました。

この事実をご夫婦に話し、共に供養をさせていただきました。それ以来、大きな音がすることもなくなり、お商売も順調に進められているそうです。

自殺された方にも思いはおありになったでしょうが、不慮の事故の巻き添えとなってしまった女性は、自らの突然の死に、大きな悲しみを抱いておられたに相違ありません。さぞかし無念だったでしょう。誰かに理解して欲しい、忘れて欲しくない。そうした強い思いが大きな音の原因だったのかもしれません。

お札

ギシッ、ギシッ。

「どんなにゆっくりそっと昇っても、この階段は、必ず軋む音が出てしまうんです。築五十年以上は経っているアパートですから、当然と言えば当然なんですがね」

そう話し始められたのは、ある運送会社に勤める田代さんという二十代半ばの男性です。

田代さんのお住まいは古い二階建てのアパートで、独身者専用の社宅になっています。いまにも朽ち果てそうな年季の入ったアパートですが、最大にして唯一の魅力は家賃が無料という点でした。

一階はシャッター付きのガレージになっており、会社の物置として使われています。二階には八部屋あり、廊下を挟む形でお互いの部屋の扉があります。

昭和の香りの残るノスタルジックな建物ですが、耐震性などには不安を持つ人が多いのか、現在お住まいなのは、田代さんとその先輩の中川さんのお二人だけです。

中川さんは、お歳は四十代後半なのですが未だ独身で、入社以来、このアパートにお住まいで、いわばこのアパートの重鎮です。実は中川さんは以前、お寺にお参りに来られたことがありましたので、今回でお会いするのは二度目となります。

このアパートに田代さんが引っ越しされたのは、入社と同時で、まだ半年ほどしか経っておりません。

そんな田代さんと、中川さんが、お二人でお寺にお越しになりました。その理由は、田代さんが見られたある夢がきっかけです。

「夢って言ってしまえばそうなんですが、半分夢じゃないんです」

誰かに聞かれては困るといった感じで、田代さんは小声で話し始められました。

私は寝入りが早く、一度寝てしまえば朝まで目が覚めるということがほとんどありません。それにあまり夢も見ることがなかったんです。

でも、このアパートに引っ越してきて以来、やたらと夢を見るようになったんです。夢って目が覚めると覚えていないことが多いと思うのですが、起きてからもはっきりと、詳細を語れるくらいに覚えているんです。

はじめに見た夢は、夜に私が廊下に立っていて、階段の方を見ている夢です。階段の方を見ていると、ギシッギシッと、誰かが階段を上ってくる音が聞こえてきました。

廊下からは、階段を上ってくる人の頭の上の方が見えてきて、やがて顔が見えてきました。

その方は、髪の長い若い女性でした。しかし俯いているので、はっきりとした顔までは分かりません。そしてその女性が階段を上がりきる直前で、夢から覚めるんです。

それと全く同じ夢を時々、日を置いて見るようになったんです。多少気味の悪さを感じつつも、この時点では、こういう夢もあるだろうと、それほど恐怖心を抱くことなく生活していました。

そしてひと月ほどが経った頃、夢が少し変わってきたんです。

次の夢は、私が廊下の天井から見ている夢でした。天井から廊下を眺めていると、そこにあの髪の長い女性が階段を上がって来たんです。ゆっくりと軋む廊下を歩いてきて、私の部屋の前まで来たら、直立不動で立ち止まりました。

そして首だけを私の向かいの部屋の方に向けると、体もそれを追うように向かいの中川さんの部屋の方に向きました。

そして、女性は小さな声で「中川さん、中川さん」と言いながら、右手でノックし始めたのです。しばらくすると「中川さん、中川さん」と言う声が、段々と大きくなり始めました。それと同時に、ノックをする右腕も力が入り始め、ノックというよりも、ドンドンと叩くようになってきました。

「中川さん、中川さん」と度を超した甲高い声で叫びながら、扉を叩き始めたんです。

やがて、女性は叩き疲れたのか、項垂れたように両手をブランと下に下げると、肩が疲れた時のように、首をくるくる回し始めました。その時、女性が一瞬天井を見上げた体勢になって、私と目が合ったんです。

「怖い」と恐怖を感じた瞬間、私は夢から目が覚めました。

心臓はドキドキして、汗だくの状態で起きた私は、部屋の電気を点けて時計に目をやりました。時刻は午前四時過ぎでした。

しかし、再び寝ることが怖くて、そのまま出社時間まで起きて、そのまま仕事に出掛けたんです。ですが、睡眠時間が短かったためか、仕事の終わった頃には、きつい睡魔に襲われていたんです。

部屋に戻った私は、夕飯も取ることなくベッドに横になりました。しかし明け方の夢の恐怖を思い出し、再びベッドから起きると、外に食事に出ました。

近くの定食屋さんで食事を済ませたのですが、やはり部屋で寝るのが怖くて、近くの二十四時間営業のハンバーガーショップに行き、カウンターに座ると、そのまま机に突っ伏して寝てしまいました。

するとここでも、同じような夢を見て途中で目が覚めました。「このままでは体を壊してしまう。たかが夢だ」と自分に言い聞かせて部屋に戻りました。

部屋に戻った私は、電気を点けたままベッドに横になると、相当疲れていたのかすぐに寝入ってしまいました。

再び夢を見ました。私の視点は、今回も廊下の天井にありました。そしていつもの女性がゆっくりと廊下を歩いています。

私の部屋の前まで来て、クルリと中川さんの部屋の方に向くと、やはりノックを始めました。

前回同様、女性は中川さんの部屋に向かって「中川さん、中川さん」と連呼しながら、ノックをし出しました。次第に、声が大きくなり、扉を叩く手に力が入り出しました。

やがて、疲れたように首を回し始めましたが、今回は私と目が合うことはありませんでした。ほっとしたのも束の間、彼女は次にこう叫びました。

「おい、中川！　いい加減に開けろーー!!」

そう叫びながら拳で扉を何度も叩き始めました。

「おい、聞こえてるのか、早く開けろ、中川ーーーー!!」

彼女の声は、大声を出しすぎたのか、少しかすれ始め、次第に泣き声混じりになっていったのです。

「なーかーがーわー。あーーーー」

彼女は大声で泣き始め、力なく床にしゃがみ込みました。

「どうして開けてくれないの。どうしたら開けてくれるの」

私は何だか彼女が可哀想に思えてきました。そして、彼女を見ていてあることに気が付きました。

中川さんの表札の下にあるはずの扉がありません。彼女が叩いていた中川さんの部屋の扉がある部分は、ただの壁になっていたんです。彼女はただひたすら壁を叩いていたんです。

大声で泣いていた彼女はやがて、中川さんの表札の下で、壁に背中を預け、膝を両腕で抱えて座り込みました。

「どうして開けてくれないの」

そう何度も泣き声で言いながら首を縦横に振っていました。私は無性に可哀想になり、声を掛けてあげたいと思うほどに、怖さはなくなっていました。

「ううう、開けて欲しいのに……ううう」泣きながら彼女が頭を振っていたその時、突然彼女は頭を振るのを止めました。体育座りをしたまま斜め上を見上げると、何かを発見したかのように彼女はサッと立ち上がりました。

そしてゆっくりとこう言ったのです。

「……田代さん」

彼女の目線はしっかりと私の部屋の表札を見ていました。

私は先程までの可哀想と感じていた感情は瞬時に消え失せ、一気に恐怖がせり上がってきました。

彼女はゆっくりと私の部屋の前まで進むと、直立不動になった後、背をまるめ手をだらんと下げました。

すると突然、準備運動でもするように、首をぐるぐると回し始めました。

彼女が首をぐるぐる回していたその時、真上を向いた状態で、私と目があったんです。私はあまりの恐怖に、目を閉じようと何度も試みましたが、目をつぶることが出来ません。

彼女はその間驚いたように私を見ていました。そして、かくれんぼの鬼が、相手を見つけたときのように、嬉しそうにニヤッと笑ったのです。

そして、正面に向き直ると「田代さん、田代さん」そう言いながら、私の部屋をノックし出したのです。

中川さんの時と同様に、彼女の口調は激しくなりはじめ、やがて拳で叩くように打ち始めました。

ここで再びあることに気が付いたのですが、私の「田代」と書かれた表札の下は、壁ではなく普通の扉になっていたんです。

「田代さーん、開けてーー！」そう叫びながら彼女が扉を叩いていると「ドンッ」という音と共に、扉が壊れてしまいました。

「やったーー！　開いたーー！」彼女は歓喜の声を上げていました。

そして彼女はゆっくりと私の部屋に入って行きました。それと同時に、私の視線も部屋の中へと入っていきました。

そこには、ベッドで横たわっている自分の姿が見えました。部屋に入ってきた彼女は、眩しそうに目を細めると、部屋の電灯から垂れ下がっている紐を細い手で摑み、引っ張って電気を消してしまいました。

真っ暗になった部屋には、彼女の姿も見えなくなってしまいましたが、息遣いと声だけが聞こえるのです。

「田代さーん、起きて。田代さーん、聞こえてるんでしょ」そういう声が、まるで耳元で囁かれているようにはっきりと聞こえました。そして、その息遣いと共に、耳元に息が当たるのも感じたんです。

その時、私はゆっくりと夢から覚めていく感覚になって、汗をかいている寝苦しさや暑さ、心臓の鼓動をはっきりと感じ始めました。

そして私は目を覚まし、目を開けた瞬間、私の顔をのぞき込む彼女がいたんです。「ウワー!!」と叫び声をあげたつもりでしたが、喉に力が入らず声にはなりませんでした。そして、生まれて初めて金縛りというものを経験したんです。

体は全く動かず、意識だけははっきりとあり、髪の長い女性が明らかに私の顔をのぞき込んでいるんです。

私は心の中で「おまえは誰だ、何が目的なんだ」と問いかけました。すると、彼女は悲しそうな顔になり「私は、さちこ」そう言いました。

そして次の瞬間、彼女はスッと立ち上がり、こう叫びました。

「呼んだのはお前達だろ！」そう言いながら思いっきり私のお腹の辺りを踏みつけてきました。「ドンッ」という衝撃と共に、私の体は自由に動かすことが出来るようになりました。

夢かとも思ったのですが、これは現実でした。なぜなら、点けて寝たはずの部屋の電気が消えていたんです。

私はすぐに電気を点け、部屋中を見渡しました。時計はまたしても午前四時でした。そして部屋の入り口の扉を見ると、扉は大きく開かれていました。そこから見える廊下はまるで、異空間への繋がりを感じるほどに暗く冷たい世界のように感じました。

今、この部屋のどこかに見えない彼女は存在しているのか、どこかから私を見ているのか、もしかしたら今隣で私を見ているのかもしれない。色々な想像をしていると、私はこの部屋にいることがたまらなく恐怖に感じてきました。

廊下に出ることも怖かったのですが、このまま此処にとどまるよりはましに思えて、思い切って廊下に飛び出し、その勢いのまま階段を駆け下りました。

するとそこには、新聞配達員の方や、朝早く出勤される人の姿がありました。

まだ四時過ぎだというのに、働いている人がいるんだと、妙な安心感に包まれました。

どこかで一息つきながら、先程の夢ともつかない現実を整理しようと、近くのハンバーガーショップへと向かいました。

コーヒーを飲みながら、心の中であの女性について色々と考えてみました。

先ず、女性の名前は「さちこ」。そして一番気になるのは「呼んだのはお前達だろ」という言葉の意味です。私には、さちこという名前にも、彼女の顔にも覚えが全くありません。

彼女の正体を突き止めようと、更に今まで見た夢を思い出してみました。彼女は最初、私の部屋ではなく、先輩の中川さんの部屋に行こうとしていたはずです。でもなぜあの時、中川さんの部屋に入ろうとしていたのか、なぜ扉が無くなっていたのかなど、色々と考えてみましたが、新たに疑問が生まれるばかりで答えは出ず、やがて出社時間になりました。

私は疲れた体を引きずるように会社に行って、何とか業務を終えることが出来ました。しかし、こんな状態が数日でも続けば、私は精神的にも肉体的にも限界を迎えることは明らかです。

そこで、もしかしたら頭が変になったと思われるかもしれないけれど、中川さんにこの話をしてみようと思ったんです。

そんなことを思っていると、仕事帰りの中川さんの方から声を掛けられました。

「田代、最近体調悪そうだけど大丈夫」

「中川さん、実は少しお聞きしたいことがありまして……」

そう言うと、中川さんは快く頷いて下さいました。アパートの中川さんの部屋に招かれました。正直、アパートに戻ることに抵抗はありましたが、それよりも中川さんの部屋の中が見たいという衝動に駆られ、二人でアパートに戻り、中川さんの部屋で話をすることになりました。

中川さんの部屋は、私の部屋より少し散らかっていることを除いては、違いはありませんでした。

「それで、相談ってなに」と促されて、私は、こんな話を信じてはもらえないだろうと思いながらも、必死で一連の夢の出来事を話しました。夢中で話したため気付かなかったのですが、話が終わって中川さんの顔を見ると、ひどく青ざめたように見えました。

「中川さん、何か思い当たることはありませんか」

私は何が原因でこうなったのか、ほんの少しでも原因に繋がる手掛かりはないかと、藁をも摑む思いで聞きました。

「ここからは、私が話します」中川さんがそう言って、話の続きを聞かせて下さいました。

実は、このアパートは、田代くんが引っ越してくる数年前まで満室で、誰かが引っ越すのを待つ社員までいました。

ところがあることが原因で、私以外の社員は皆、引っ越してしまいました。その原因というのが「こっくりさん」なんです。

ある夏の夜、明日はお盆で会社も休みということで、アパートの数人が集まって、お酒を飲みながら怪談話をしようということになりました。ひと通り話し終えたところで、誰からか、こっくりさんをしようという話になったんです。

勿論、ご存じではあると思いますが、こっくりさんとは、昔からある降霊術の一つです。大きな画用紙に、五十音を書き、上部には鳥居、下には、はい、いいえを大きく書き込みました。五百円硬貨を中央に置き、その上に三人が人差し指を置き「こっくりさん、こっくりさん、どうかお越し下さい」と。しかし、何も起こりません。そこで誰かが「誰でもいいから霊よ来てくれ」と半ば冗談半分といった様子でそう言ったんです。

すると、コインが何の予告もなく、すーっと「はい」と書かれた文字の上に移動しました。

周りで見ていた人たちには、「誰かが動かしたんだろう」と疑う者もあれば、「何か質問しよう」と悪ノリする者もいましたが、コインに指を置いていた私を含めて三人は、驚きのあまり互いの目を合わせて息を飲んでいました。いくら画用紙を平らに置いたとしても、その上のコインを動かせば、少しは摩擦の抵抗を感じるものです。しかしコインは、摩擦抵抗を全く受けていないどころか、少し宙に浮いて移動したようにさえ感じるほど、何の抵抗もなく動いたのです。

私は思わず「誰が動かしたんだ！」と声に出して言ってしまいました。その直後、かなりのスピードでコインが動いたんです、「さ」「ち」「こ」と順番に。

さすがにこの動き方は、周りで見ていた皆にも、人間業ではないと感じさせる程の動き方でした。

「もう止めた方がいいよ。コインから手を離せよ」

「いや、あの世に帰ってもらってからでないとまずいよ」

みんなが口々に騒ぎ始めます。すると次の瞬間、コインに指を置いていた一人が、あまりの恐怖に指を離してしまいました。

この日からなんです。各部屋に順番に「さちこさん」が現れ始めたのです。田代くんが見た夢のように、名前を呼びながらノックして部屋に入ってくるようになったんです。怖くなった人たちは、引っ越しして行きました。

そしてこの話は、更に大きくなっていったんです。

と言いますのは、さちこさんの話を新たにアパートに入居してきた人達にすると、聞いた人が、次々にこの夢を見るようになったんです。つまり、ウイルスに感染するかのように、関係のない入居者にまでどんどん広まっていったんです。

なかには、そんな話を信じない者もいましたが「さちこさん」の夢を見た日、部屋に帰ると大量の女性の髪の毛が布団から出てきたことがあり、否定しきれず引っ越して行きました。夢を見た人は、見た日からひと月以内に引っ越して行きました。

それなのに私は、まだ一度も「さちこさん」が部屋に来たことがないんです。というのは、私の部屋の玄関扉の上には、実はこちらの蓮久寺さんでいただいた御札を貼っているんです。

田代くんの夢の中で、私の部屋の扉が無かったのは、恐らく御札によって守られていたからだと思うんです。


お二人は話し終えると、中川さんにかつてお分けしたのと同じ御札をさらに分けて欲しいとおっしゃり、受け取ると帰って行かれました。

最初、お二人のお話をお聞きした時、正直すぐには信じられませんでした。それは、お話に少し矛盾があったからです。

それは、田代さんは誰からも夢の話を聞かれたことがないのに、夢を見られたことです。

もしかしたら、行き場を失ったさちこさんの寂しい思いを感じて、波長があったのかもしれませんが、半信半疑に思っていました。

しかしその晩、本堂の前の扉を叩く女性の姿を夢に見ました。

「三木さーん、三木さーん。開けて下さーい」

やがて彼女は首をぐるぐると回し始めました。そして彼女と目が合った瞬間に私は目が覚めたのです。

私はすぐに本堂に行き、扉を開けると、扉の下には、女性の裸足の足跡が薄らとあり、見ている内に消えていきました。

あのお二人の話は本当だったのだと納得した私は、そのまま本堂で「さちこさん」の供養をさせていただきました。

あれから、事情を知らない新入社員の方が引っ越しされてきたそうですが、その後は誰一人として「さちこさん」の夢を見る人はおられなくなったそうです。

遊び半分に呼び出された「さちこさん」が、無事あの世で幸せになられることをお祈りしております。

〜降霊術〜

「こっくりさん」の発祥は、明治半ばに、伊豆半島沖に漂着したアメリカ船の船員が「テーブル・ターニング」という降霊術を地元の人たちに見せたことがきっかけで、日本でも流行するようになったといわれております。机が勝手に動くとき、こっくり、こっくり動く様から、こう呼ぶようになったようです。その後、当て字で「狐狗狸」と書くようになったようです。

一時期は、全国的に子供達の間で流行り、集団ヒステリーなのか霊に取り憑かれたのか、不思議な事案が各地で起こったために、保護者は子供達に絶対にやってはいけない遊びとして注意をしました。

さて、降霊術とは、当初どのような目的で始められたのでしょうか。それについては定かな文献は確認されておりません。

もしかすると、亡くなられた方と話がしたいと願う、遺族によって始められたのかもしれません。たとえば、最愛の家族を亡くされたご遺族様は、もう一度話がしたいと思うでしょう。家族の切実な願いを叶えたい……その結果、降霊術が考案されたとも考えられないでしょうか。

そうしますと、遊び半分で呼び出された霊は、誰かと話が出来る、自分の思いを伝えられるとせっかく出てきたのに、ただの遊びだと分かったら、きっと悔しくて悲しむのではないでしょうか。ですから、暇つぶしに、好奇心だけで「こっくりさん」を行うのはおやめになられた方が良いでしょう。

もっとも、亡くなった方と「こっくりさん」などの降霊術に頼ってお話をするのは最善の方法ではありません。身近な方々が亡くなられる前に、また自分自身が死を迎える前に、つまり、お互いが生きている今こそが、大切な人たちと飽きるほど話ができる唯一無二の機会なのですから。

第二章

供養

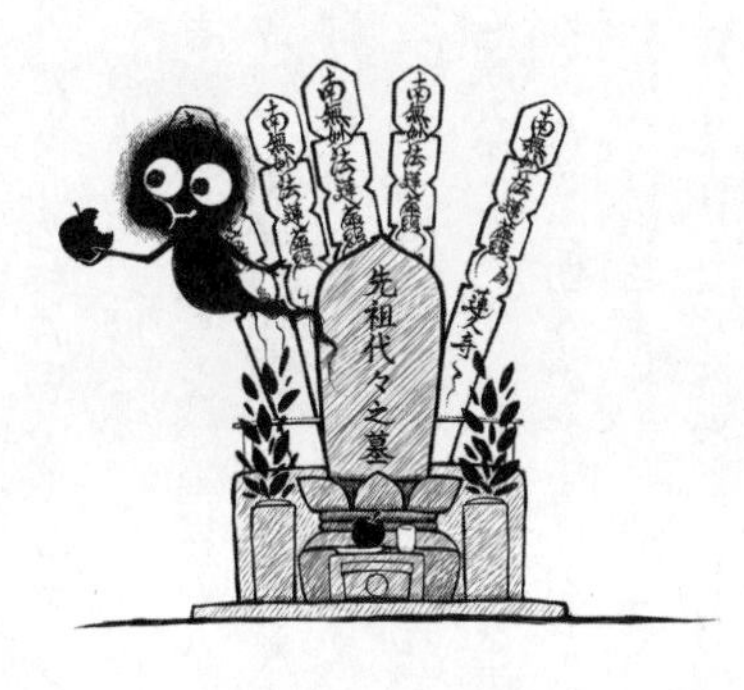

供養という言葉には、尊敬するという意味が込められております。仏さまや神さま、ご先祖様や亡くなった方々に対して、尊敬の念を表すという思いから、供養という儀式が出来たようです。

もちろん、尊敬するという思い以外にも、恋慕の思いや悲哀、そして畏怖の念など様々な思いが込められているように思います。

このように、供養とは、私たち生者が、目に見えない世界の人々と会話、交流するための儀式なのです。それ故に、供養の仕方、心持ちを正しく学ばなければ、あの世の方々に迷惑を掛けるかもしれません。

お経には、死者を供養する方法について「起塔供養」と書かれています。これは、「塔を起て、供養すべし」と読みます。すなわち死者を供養する時には、その方のために、塔を起てることが大切なのです。かといって、毎回供養をするたびに、塔を起てるわけにはいきません。そこで、木を削って作った、「塔婆」を起てるようになりました。古来インドでは、塔のことを「ストゥーパ」と言いました。これが日本では「卒塔婆」と音訳され、今に至っております。

ああ、長く供養していないな……。いま、あなたの心に浮かんだのはどなたですか。

行列で歩く幽霊

京都市上京区に、相合図子通りという道があります。別名、下の森通りとも呼ぶようです。どちらの呼び名も、その意味まではわかりません。

道幅は車一台分ほどで、長さもさほどあるわけでもありません。ですから、この道の近所に住んでいる人以外は、京都在住の方でも、この道の名を知らない方が殆どです。

さて、これからお話しするのは、私が幼少の頃、この道で起こった出来事です。

中立売通りから、相合図子通りが始まり、五十メートル程下ったところに、京都市立仁和小学校の裏門があります。その横には、広い墓地があり、墓地の入り口には、「島左近の墓」と記された小さな石碑が建っています。戦国武将好きの方々には、有名なようです。付け加えれば、私が住職をしている蓮久寺の赤門を寄進された、吉野太夫さんのお墓も、この墓地内にあります。

この墓地は、相合図子通りに面して壁があります。この壁が、変わっているのです。というのも、所々、壁が壊れており、その中から墓石が顔を出しているのです。

どうしてこんなことになったのかと言いますと、それは戦後にさかのぼります。

戦後の物資の乏しい中、手直しされぬままに墓地の壁の一部が崩れていました。その崩れた部分に、雨や風が当たると、連鎖反応を起こしたように、崩れた部分が広がりはじめたのです。このまま放っておいたら、壁がすべて崩れてしまうということで、お坊さんが集まって話し合いをしました。

この墓地は、立本寺という大きなお寺と、その塔頭の中にある、五つの寺院が管理をしていました。そこで、各寺院の住職が集まり、検討した結果、持ち主もなく、お参りする人もいなくなった墓、すなわち無縁さんと呼ばれるお墓の墓石を壁の修理に使うこととなったのです。

一見ひどい話のようですが、無縁となり、このまま処分されるより、壁の一部となり、毎日読経の聞こえる場所にある方が良いのではないかと考えられたのでしょう。

そうした経緯があってから、住職方が自らの手によって墓石を使い、壁に応急処置を施したのです。

それから月日は流れ、昭和も五十年代後半にさしかかった頃、当時、修復に携わった寺院の住職は、次の若い世代へと交替し、お寺も随分と変貌を遂げていました。

そんな頃、壁は再び崩れ始めたのです。当然と言えば当然です。何十年という長い時間、風雨にさらされながら墓地を守ってきたのですから。再び塔頭寺院のお坊さんが集まり、壁の修復を行うことに決めました。

時は夏。お盆も近づき、各寺院の住職も忙しかったのかもしれません。壁の工事は業者の方に任せることになりました。

それからわずか数日後、突然工事は始まりました。突然というのは、子供の頃の私が感じた感覚に過ぎません。

次の日の朝、住職である私の父親は、本堂でお勤めをする前に、どこかに出かける用意をしていました。

その日の父は、いつもと違い、何か大きな失敗をしたような、何か後悔をしているような顔に見えました。「どこに行くの」という私の質問に、深刻な顔をして、昨夜父親が経験した話をしてくれました。

昨夜、遠方のお参りがあり、帰りが遅くなった父親は、暗くなった相合図子通りを一人歩いていました。すると、南の方から、白い着物を着た大勢の人達が歩いて来るのを見たそうです。

「こんな夜更けに、白衣を着た集団が、列をなして歩いているなんてどういうことだ……」

不審に思った父親は、その集団に駆け寄ろうとしました。その瞬間、突然行列はスピードを上げ、墓地の入り口から中へと入って行くではありませんか。父もすぐに駆け出し、墓地の中を見渡したそうですが、そこには誰もいなかったということです。

これは何を意味するのか。父親の出した答えはこうでした。

墓地でお経も挙げず、何の報告もせずに、突然工事を始めてしまった。それは、死者に対して失礼であった。そのことを訴えに出てこられたということでした。

人間は死んだら終わりではありません。ですから、この世に生きている私たちは、亡くなられた方々を決して軽んずることなく、常に敬意と畏怖の念を持って供養すべきであると、私は常々考えております。

お題目菩薩さま

私は平成十七年から、京都の蓮久寺の住職を務めさせていただいております。

それまでは、お師匠さんのお世話になっていたり、大きなお寺でお務めしていたりしておりました。その後、紆余曲折を経て、今に至っております。

しかし、蓮久寺に来る前の三年間は、生活が苦しく、光熱費も払えないような状況でした。極貧の生活は、私の心さえ蝕み、この世には神や仏など存在しないのではないかとさえ思えて来ました。

今日の食事すらどうしようかと悩んでいたあの頃、私はある噂を耳にいたしました。それは、一生に一度だけ希望を叶えてくださる、菩薩さまの像がおられるという噂です。その菩薩さまがおられるのは、京都府の北部にあるとあるお寺です。困窮する生活からなんとか抜け出したかった私は、早速、このお寺を訪ねてみることにいたしました。

京都市内から約二時間半。田園が広がる田舎にそのお寺はありました。普段は誰もおられない空き寺で、ご住職は京都市内で別のお寺の管理をされておられます。ご住職の許可を得て、宿泊させていただくことになっていました。

お寺は小高い山の中腹にあり、本堂の後ろは勾配のきつい斜面が広がっております。普段は村の方々が掃除されておられるので、誰もこのお寺にお住まいではなかったのですが、荒れた様子ではありません。中に入りますと、玄関に面して土間があり、その土間の中央には薪でご飯を炊くお竈が三つあります。台所には、水道の蛇口はなく、山水を引き込んだパイプがあり、そこからチョロチョロと水が出ています。水道が来ていないのでトイレも水洗ではなく、汲み取り式でした。まるで日本の昔話に出てくる山寺という表現がしっくりくるお寺です。

宿泊させていただく前に、村の方々にも挨拶に参りました。すると、村の世話役さんが、こんなことをおっしゃいます。

「明日は丁度、お題目さまの縁日なので、朝早くから村人がお寺に行くかもしれませんが、ゆっくり寝ていて下さい」

日蓮宗で読まれる『南無妙法蓮華経』のことを「お題目」と呼ぶことは存じておりましたが、「さま」を付けて呼ばれるのは聞いたことがありませんでした。

「お題目さまとは、誰のことですか」

「いやいや、村人の間で勝手にそう呼んどるんです。一人につき、一生に一回だけ願い事を叶えてくださる菩薩さまなんですよ。明日は年に一度だけの縁日なんです」

彼はニコニコしながらそう教えて下さり、興味が湧いてきた私は、

「そうですか。もしよろしければ私も参加させていただけませんか」

とお願いしたところ、少し渋るようにこうおっしゃいました。

「何も手伝っていただくことはないです。ゆっくりと寝ていて下さい」

私は詳しくその菩薩像について教えて欲しいとお願いいたしましたが、村人以外に教えたくはないと、はっきりと断られてしまいました。

しかしここで諦めては元の木阿弥。今の家族の貧困の現状、お寺の住職になりた

いという強い思いなどをお話しし、その結果、一度、村の人たちと話し合ってから決めますとまでおっしゃって下さったのです。

　私は村の方々の結論がでるまで、本堂や境内を掃除したり、読経したりしてお待ちすることにいたしました。それが一段落ついた頃には、もう夕方になっておりました。

　私が夕食の支度をしようと土間に降りたその時、ちょうど玄関の扉が開いて村の世話役の方々が入ってこられました。

「三木さん、村の者たちと話をした結果を報告しに来ました。ご飯を食べながらお話ししましょう」

　そうおっしゃった五人の村の方々は、なんと山菜やおにぎりなどを乗せた大きなお皿を持っておられました。みなさまご高齢の方々ばかりでしたが、矍鑠（かくしゃく）とした姿勢は、まさに村の世話役といった雰囲気がいたしました。

　台所の横にある部屋に長机を置いて、持って来てくださったお食事をいただきながら、お話は始まりました。なぜ私に話をしようかと思ったのか。それは、こうして年に一回だけの縁日に、たまたま訪れることができたのは、お題目さまとご縁があったからに違いない、きっとそうに決まっている、そうお考えになられたからでした。

「境内の端っこの山肌にある祠は見られましたか」

世話役の男性はにこやかに私に質問されました。

「はい、見ました。随分と山の高いところにありますね」

本堂の横の山肌には、小さな祠があります。本堂の屋根とほぼ変わらないくらいの高さに、斜面を平らにならして祠が建てられていました。

「あの祠にお題目さまがおられるんです」

お題目さまの歴史的な由来は今となっては謎というほかなく、昔から村にあったこと、いつの間にかそのように呼ばれていたこと以外、詳しくは分からないようです。そして、私が聞いた噂のとおり、このお題目さまは、人間の一生に一度だけ、願い事を叶えてくださる、との言い伝えにしたがい、大切に祀られてきました。ただし、お金が欲しいなどと直接お願いすることは禁止とされていました。

お参りの仕方も独特で、お参りに伺う朝は、起きたらまず水で口を漱ぎます。そのまま誰とも一言も言葉を交わすことなく、お題目さまの所まで来てお願い事を申し上げて、終わったら「南無妙法蓮華経」とお題目を三回唱える。これが作法とされていました。最後に唱えることから、「お題目さま」と呼ばれるようになったのではないかと、村の方々は教えてくれました。

「すごい言い伝えですね」

私が何気なく口にした感想に対して、村の方々は怪訝そうに、言い伝えと言うと、不確かなもののような印象を受けるけどね、と前置きして、

「わたしたちのお題目さまは、確実に願い事を一つ叶えてくださるんですよ」

そう誇らしげに口をそろえたのでした。

確実に願いを叶えて下さるなどということが、果たしてあり得るのだろうか——。そんな私の疑いの心を察したのか、村の方々はこの村に起きた奇跡を次々と教えてくださいました。

こんなことがあった。ある日、たくさんの害虫が発生して田畑に被害が出て困っていた時、お題目さまに害虫を追い払って欲しいとお願いしたところ、不思議なことに、次の日から害虫がいなくなった。

こんなこともあった。村をふたつに分けるような大きな道路の建設計画が持ち上がった時、お題目さまに計画が中止になるようお願いをすると、突然、その計画自体が変更になったんだ。今ある道路は、村を分断するのではなく、不自然なほど村を迂回しているのがその証拠だ。

いやいや、まだあるぞ。田畑の豊作をお願いした年は、日本全国で台風被害による作物の不作が起きたのに、村では一切の被害がなく、それどころか稀にみるほどの豊作に恵まれたんだ。

これらはほんの一例で、お題目さまがこの村を守ってくださったことなど挙げればきりがない、と口々におっしゃるのです。

ただ、ここで私は一つの疑問を懐(いだ)きました。

お題目さまは、一生に一度しか願い事を叶えてくださらないのに、どうしてこれほどたくさんの願い事を叶えてくださっているのでしょうか。

実は、この話を村人ではない私にして下さった理由がここにありました。

昔からこの村では、まだ願い事を言っていない人が、順番に村のことをお願いしに行き、個人的なお願いはしないというのが暗黙の了解だったそうです。ただし、村の子供が不治の病にかかったことがあり、その時は村人の一人が、その子の病気が治るようにお願いし、その子の病気は治ったそうです。もちろん、これは特例で、基本的には個人的なお願いはしないことになっているとのことでした。

毎年、村から一人を選んで、願い事を協議して決めておられました。しかし、ある時期から、この暗黙の了解が無くなったというのです。

村の若い人たちは、都会に出たいという人も多くおられて、一生に一度のお願い事を村のために使うのは嫌だと言い出す人が増えたというのです。

そして、都会に出してしまって村に残る若者も少なくなってきたので、村の世話役会も、今のメンバーがいなくなったら解散することにしたそうです。そして、今年の願いを最後にしようと決めておられたそうです。

最後の願い事をする日の前に、私がお寺に来たことや、お寺の住職になりたいと思っていることを知り、この話をしていただけたということです。

「三木さん、明日の朝、お題目さまにお願い事をなされてはいかがですか」

「よろしいのですか」

「もちろんです。ただ、その内容を教えてください」

私は居住まいを正すと、その内容をみなさまにお聞きいただきました。

「私は、京都の市内で生まれました。ですが継ぐお寺がなかったので、全国各地のお寺を巡りました。しかし、やはり生まれ故郷の京都の町で、お寺の住職がしたいのです。それをお願いしようと思います」

村の方達は、ゆっくりと手を挙げながら「異議なし」と口々におっしゃってくださいました。私の願いは、思ったよりも簡単に受け入れてもらえたのです。

そして、いよいよ村の最後の願い事を決めることになりました。私は村の人間ではないので外に出ておきましょうかと申し上げますと、「いえ、最後までここで聞いてください」と引き止められました。

「それでは、最後のお願いは、この村に温泉を出してくださいとお願いしようと思います」

みなさんで事前に話し合われて、決まっていたのでしょう。願い事は改めて確認され、全員一致で可決となりました。

格別のお取り計らいで、お願い事をする機会をいただきましたが、正直なところ、ここに至ってもなお、私の心の中には疑いの気持ちはわずかながらありました。と言いますのも、全国屈指の寺院数を誇る京都の市内で、住職に欠員がでるお寺が見つかるなどとは、可能性が極めて低いことでした。加えて、温泉が出るなど、あまりに突拍子もないことに思えて仕方なかったのです。

次の日の朝、私は山水で口をすすぎ、お題目さまにお願いして、お題目を唱えました。それに続くように、昨夜来られた内のお一人が来られて、同じように願い事をされました。

お寺を去る時に、私は村の方にお聞きしました。

「お題目さまは、この先どうされるんですか」

「そうでした、大事な話を忘れておりました。数年後、三木さんがお寺の住職になられたら、祠から出して、あなたのお寺にお祀りください。この山寺の住職にもそう伝えてありますので、村を代表してお願いいたします」

そう言って深々と頭を下げられたのでした。

そのすぐ後、私は不思議な夢を見ました。

金色のお釈迦さまの仏像が出てこられて、私にこう言って下さいました。

「三十三歳まで頑張りなさい」

それだけを聞き終わると、私は夢から覚めました。具体的なお告げをいただいたようで、私は励みました。そしてそれから二年後、三十二歳になった私は、京都の蓮久寺の住職にならないかというお話をいただき、次の年、夢にまで見た住職を務めさせていただくことになったのです。

偶然というなかれ。あの村はと言いますと、その後温泉が湧き、今では宿泊施設が出来るほど賑わいのある村になります。つまり、お題目さまは、かの村と私の願い事をしっかり叶えてくださったのです。

今では、この話を知っている村の方は一人もおられなくなりました。ただ知っているのは、私と、蓮久寺へご遷座され本堂にお祀りしている「お題目さま」だけでございます。

あげた薬指

「ああ、この指ですか。この指は、ある子供にあげたんです」

そう笑顔で語るのは、ある中学校に勤める音楽の先生です。彼女とは、知人の中学校の先生を介して知り合いました。

彼女には、右手の薬指、第二関節から先がありません。

私の知人が、「前から気になっていたんだけれど」と、指のない理由を不躾にも質問したんです。

「右手薬指でよかったって思ってるんですよ。だって、彼氏にもらった婚約指輪は、左の薬指にはめることが出来ますもんね」

彼女は、ピアノを弾く時に、少し不便を感じる程度で、その他には何ら不自由はないと、明るく答えてくれました。

それにしても気になるのが、最初の言葉です。

私以上に好奇心の強い知人は、更に質問を重ねました。

「子供にあげたって、どういうこと。移植でもしたの」

「そうですね。移植と言えばそうかも知れないですけど……信じてもらえるかな」

彼女は、一瞬ためらうように、会話を止めました。しかし、私の顔を見て、にこりと微笑むと、また話を続けました。

「大雲住職なら、きっと信じてくれると思うんですが……」

彼女は、大学を卒業してすぐに、中学校の教員として、今の中学校に赴任しました。

多感な時期の子供達と向き合いながら、音楽の楽しさを教える日々は、とてもやり甲斐があり、充実した毎日だったそうです。そんな教師生活が、二年目に入った年の夏休み、彼女は不思議な体験をしたそうです。


中学校は、夏休みに入りましたが、教員は休むわけにはいきません。

クラブ活動の顧問や、夏休み中の生徒達の生活相談、その他、保護者会や研修会、講演会など、普段の勤務と殆ど変わらず学校に行きます。

しかし、普段と違うのは、夏休み期間は、ほぼ同じ時間に帰ることが出来るということです。

研修会や講演会などへの参加が続くときは別ですが、この頃の私は、クラブの顧問もしていませんでしたので、下校時刻の一時間後には、学校を出て帰宅の途につきました。

通勤には普段から自転車を使っており、学校から自宅までは、二十分程度かかります。

いつも決まった時間に学校をスタートして、いつもと同じスピードで自転車のペダルを漕ぎ始め、いつもと同じ道順で帰宅する。いつもと同じであれば、自宅近くの信号機はいつも赤色です。

音楽にリズムがあるように、自転車を漕ぐにも一定のリズムがあるので、定刻通りに学校を出ると、当たり前のことですが、必ずこの信号機で止まることになるんです。

このいつも変わらない日常の一定のリズムに、ある日、少しのノイズが入ったのでした。いつものように、自宅近くの信号機に差し掛かり、いつも通りに赤信号で、自転車を止めました。信号が青になるのを待っていると、突然誰かの声がしたんです。

「指ちょうだい」

「えっ？」

思わず声を漏らして周りを見ました。しかし、他の信号待ちをしている人達は、何も聞こえていないのか、全く反応していません。

聞き間違いだろうかと思っていると、再び、

「指が欲しいよ」

と聞こえてくるのです。

その声は、幼い男の子のようで、耳に聞こえてくるというよりは、頭の中に直接届くような不思議な感覚のする声でした。

周りを見渡しましたが、やはり自分にしか聞こえていない様子です。

ようやく信号は青に変わり、横断歩道を渡り始めましたが、それ以上、変わったことは起こりませんでした。

しかし、この日を境に、私はこの信号機で止まるたびに、男の子の声が聞こえてくるようになりました。

「指が欲しいから、ちょうだい」

「お願い。指が欲しいの」

毎日聞こえるこの声に、私はひとつ推理をしてみました。それは、この信号機のある交差点で、事故に遭って亡くなった子供が、失った指を探しに来ているのではないのだろうか……。そうだとしたら、とても可愛そうな男の子に思われてきて、声に対して、怖いという恐怖心を抱くことはありませんでした。

そして、声が聞こえ始めてから一週間ほど経った日のことでした。

この日は、朝から雨が降っていました。天気予報では、学校から帰る時間には雨はあがると予報士が言っていました。

今日は歩いて学校まで行こうかなとも考えましたが、この日の夕食は、お付き合いしていた彼と外食する約束をしてお店の予約まで済ませていたので、早く帰りたいという気持ちが強く、傘を差しながら自転車を押して行くことにしました。

この日の学校は、体育会系のクラブの多くが、雨のために休みとなり、いつもよりも生徒が少なく、校舎内には、降り続く雨音だけが響いていました。

本当に天気予報は当たるのかと心配になるほどの大雨でしたが、下校時刻近くになると、信じられないくらいにピタッと雨は降り止みました。

よかった、これで彼との待ち合わせに遅刻しなくて済みそうだと思っていると、校長先生が、

「今日は生徒も少なく、下校時刻までには生徒達も学校を出るので、いつもよりも早めに戸締まりをして帰宅しましょう」

とおっしゃって、いつもよりも二十分程早めに学校を出ることができました。

今日はついているな。雨も止んだし、学校も早めに終わったし、これから彼と食事！　浮かれ気分の私は、せっかくだから早く帰って、いつもよりも入念におめかしをして、彼に会いに行こう、と思ったのです。

それに、もう一つ試したいことがありました。それは、いつもの信号で、赤信号

に引っかかることなく渡ることです。

いつものスピードで自転車を漕げば、青信号に出くわす。何の確証もあったわけではありません。ですが、この時はそう思ったのです。

朝に差してきた傘を片手に持って、いつものように自転車を漕ぎ始めました。しかし、片手に傘を持っているせいで、いつもよりも自転車のスピードが遅いように感じました。

そこで、普段生徒がしていると、危ないからやめなさいと叱るのですが、手に持っていた傘を自転車の前カゴに差して、走り出しました。

いつもの道をいつものスピードで走って行きました。雨上がりの道路は、清々しい風が吹き抜け、心地よい涼を感じさせてくれます。

私は、気持ちよい風を感じながら、いつもの信号機が見える所まで来ました。見ると、信号機の色は青。やった、今日は止まることなく信号を渡れる。そう思った瞬間、青だった信号が点滅を始めました。

私は、慌てて自転車のスピードをあげました。この距離なら点滅中に横断歩道を渡り終えることが出来るはず。そう思った瞬間、

「ガンッ」

鈍い音。高いところから横断歩道が見える……そうか、私、宙に飛んでしまった

んだ……。すぐに記憶は途切れました。

気がつくと、私は救急車の中でした。

「あの……私は、どうなったんですか」

担架の横にいる救急隊の方に声を掛けました。

「気がつきましたか。良かった」

救急隊員の方の話では、自転車の前カゴに差されていた傘が前輪に絡まってしまい、私は前転するように飛ばされてしまったようでした。頭からもすこし出血があるのは、着地するときに地面に打ち付けたのでしょう。

だんだん意識がはっきりしてくると、ふと右手に違和感を覚えました。ゆっくりと右手を持ち上げてみると、包帯でぐるぐる巻きになっていました。ぼんやりと右手を見つめる私に、救急隊員の方は言いづらそうにお話しくださいました。

「今、警察と救急隊が、あなたの指を探しています。見つかって、もし状態が良ければ、縫合手術ができますから」

そのときになってやっと、右手の薬指を無くしてしまったことに気付きました。

同時に、きっと指は見つからないだろうなとも思いました。実際、私の予想どおり、警察や救急隊の方々が入念に調べてくださいましたが、とうとう指は発見されませんでした。恐らくマンホールから下水に流れてしまったのでしょう、と説明されました。

そうだろうな、と納得できたことが不思議でした。私には確信があったのです。私の指は、あの信号待ちの男の子が持って行ったのだろうな、と。それならば、きっと喜んでいるに違いない。男の子の喜んでくれている姿を勝手に想像し、なんとも嬉しい気分にさえなっていたのです。指を失えば、動揺したり、悲しんだりするはずなのに……。自分でも不思議でした。

そんなことを思いながら、病院のベッドに横になっていると、

「大丈夫か」

息を切らしながら彼が病室に駆け込んできました。看護師さんが彼に連絡をつけてくれていたのです。

「お店予約してあったのに、行けなくてごめんね」

「そんなことはどうでもいいよ。指のこと聞いた。なんて言っていいか……」

俯く彼の方が指を無くしてしまったかのようです。私は、信号待ちの幼い男の子の話をして、むしろ落ち込んでなどいないことを伝えました。彼を励ますように。

「そうか……。でも本当に良かった。事故のこと聞いて気が気じゃなくて……心配だからこれからはずっとそばにいる」

こんな状況ではおかしいけど……と、彼ははにかみながら、突然、私の怪我をしていない左手を取り、その薬指に指輪を嵌めてくれました。

「お誕生日おめでとう。そして、僕と結婚してください」

私は、日々の多忙さに、自分の誕生日さえも忘れていました。そうか、今日は私の誕生日かと漠然と考えてしまい、「僕と結婚してください」という言葉の意味をしばらく理解出来ませんでした。

「……えっ？」

「駄目かな」

私は、思わず両手で顔を押さえてしまい、

「嬉しい。よろしくお願いします」

「あ、右手」

「い、痛いーーー」

事故に遭って指を失ったこの日、素晴らしいプレゼントをもらった最高の誕生日になりました。

彼女は、私たちに指を失った理由を話してくれました。時には笑いを交えながら、さすがは中学校の先生をされているだけあって、慈悲深い方だと感心しながら聞かせていただきました。

　あのお話を聞いてから、約一年後、あの日指輪をくれた彼と結婚し、今は夫婦となって、お寺を訪ねてくれました。

「大雲住職、ご無沙汰しております」

　そう挨拶をしてくれた彼女は、どこか元気がないように感じました。

「ご結婚されてからお元気ですか」

「実は、今、私のおなかの中には、赤ちゃんがいるんです」

「そうですか。それはおめでとうございます」

　そうお祝いを告げても、やはり浮かない顔をされておられます。

「どうかされましたか」

　私が問いかけると、旦那さんが話そうとされましたが、それを静かに手で制止して、彼女は少し申し訳なさそうに、話し始めました。

「実は、おなかの赤ちゃんに、右薬指がないんです」

　彼女の話によれば、今おなかにいる赤ちゃんには、右の薬指がないとお医者さんに言われたそうです。そこで、彼女は、信号で男の子にあげた指を取り返して、この子にあげたいというのです。

　正直、どのように答えればよいのか困りましたが、とりあえずおなかの赤ちゃんの健康を祈願して、お経を上げましょうと、少しごまかし気味に答えをはぐらかしました。

それでも、すこし気が晴れたのか、二人は喜んで帰って行かれました。

それから数ヶ月が過ぎた頃、赤ちゃんを抱っこして、夫婦で再びお寺に来られました。

「大雲住職、本当にありがとうございました。元気な男の子を授かりました。それと、子供の右手の薬指なんですが……無事に欠損することなく生まれて来てくれました！」

子供さんの指は無事だったとのこと。しかし、彼女は、罪の意識にさいなまれているとのことでした。信号待ちの男の子にあげた指が、再びなくなってしまったのではないかと心配で仕方ないんです、と。

私にも答えは分かりません。私には、その信号まで行き、手を合わせることしか出来ませんでした。

それから、三年ほどが過ぎた頃、再びご夫婦で私のお寺に来られました。

あの時生まれた赤ちゃんも、すっかり大きくなり、大きな声で、「こんにちは！」

と挨拶してくれるようにまでなっていました。お元気そうですね、と私が言うと、

「はい。ありがとうございます」

彼女もようやく罪の意識が薄らいだのか、とても明るく元気そうにみえました。

「実は今日お参りに来させていただいたのは、一つ質問があるからなんです」

「それはどのような？」

「人間は生まれ変わるのでしょうか」

仏教では、生まれ変わりはあると肯定します。しかしながら、私自身、生まれ変わる前の記憶もありませんし、前世を考えることは、今までの生活の中ではあまり必要とはしませんでした。よって、お経にはそう示されていますということしか答えられませんでした。

「どうして、そのような質問をされるんですか」

「実は、私の子供が、最近よく話をするようになったんです。もちろん簡単なことしか話せませんが、先日、びっくりするようなことを言ったんです」

私はとても興味深く、頷きながら話の先を促しました。

「私をじっと見つめながら、お母さん、指ありがとうね、と言うんです。僕が信号の所で、生まれる時に指がないかもしれないから、ちょうだいってお母さんに頼んでたでしょ？って」

彼女はひどく驚きました。ようやく言葉を使えるようになった幼子にとって、難しい話だったからです。

「大雲住職。どういうことか分かりますか」

そう聞かれて、私は合点がいきました。

仏教には、「四有（しう）」と説かれています。これは、四つの有という意味です。

一つ目は、「生有（しょうう）」といい、生まれる瞬間を言います。二つ目は、「本有（ほんぬ）」、私たちが生きているこの世界です。三つ目は、「死有（しう）」といい、死ぬ瞬間を言います。そして最後が、「中有（ちゅうう）」といい、死後の世界のことです。

この内の、「生有」の少し前、人間は、「求名霊（ぐみょうれい）」と呼ばれる霊体です。

この「求名霊」の頃に、私たちは両親を選びます。故に、名前を求める霊、即ち「求名霊」と呼ばれるわけです。

もしかすると、今回生まれて来たこの坊やは、「求名霊」の時に、母親となる人を見つけて、指をねだったのかもしれませんね……。

そのように答えさせていただきました。すると、

「これでやっと安心できます。信号機の近くにいた男の子が、この子だったんですね」

罪の意識を持っておられた彼女は、これで安心して子育てに専念できますと、喜んで帰って行かれました。

きっと、この男の子は、将来親孝行になることでしょう。

クマのくーさん　その一

私は「怪談説法」と銘打って、怪談を絡めたお説法を全国各地でさせていただいております。おかげさまで、初めてお伺いする土地も数多くあります。

初めて行く土地では、時間が取れれば、ご当地にしかない名物を食べに行ったりもします。

これからお話しするのは、海の近くに講演に行かせていただいた時に、その土地の方からお聞きした話です。

講演前日に着いた私は、宿泊しているホテルから、歩いて五分ほどの場所にあった居酒屋さんで食事をいただくことにしました。

表の提灯には居酒屋とありましたが、店内は、カウンター席のみのお寿司屋さんです。夕方六時をまわった時刻だけあって、店内は既に酔客の賑わいが聞こえてきます。

「一人ですが大丈夫ですか」

カウンターの中におられるご主人にそう声を掛けました。すると威勢良く、「いらっしゃい。見かけない顔だね。どこから来たの。取りあえず空いてる席にどうぞ」と、畳み掛けるように私を店内に招き入れてくださいました。

よく見ると店内は、私が座ったことで満席になりました。

カウンター越しにご主人から「お任せでいいですか」と声を掛けてこられ、まだメニューも見ていなかったので答えに詰まっていますと、

「地元のおいしい物を出しますよ。飲み物別で食事は二千円でどうです」

と嬉しいご提案。おそらく近所で見かけない客に、地元の旬の物を出そうと気を遣ってくださっているのでしょう。私はそのご厚意にのらせていただくことにしました。

さすがに海の近くだけあって、見たことのない珍味が次々と出てきました。一品一品出していただく度に、隣の席の方や、離れた席の方までもが、説明をしてくださいます。

「これはほっこしといってモウカザメの心臓の刺身です。酢味噌に付けて食べてみてください。京都にはないでしょう」

「そうですね。初めて食べます」私がそう言うと、みなさん一様に自慢げで、続けてご当地の名所なども教えてくださいました。

ひとしきり打ち解けたところで、こんな質問をされました。

「三木住職は、なにをしにここに来られたんですか」

「実は私、怪談説法という怪談とお説法を組み合わせた話を各地でしておりまして、このすぐ近くのお寺さんでお招きいただくことになっているんです」

「怪談説法……要するにお化けの話ですか」

一瞬、店中が水を打ったように静まりかえりました。私は、このような反応には慣れております。当世、科学万能の世の中ですから、霊魂の話を真剣にするなど愚の骨頂だと思われたのでしょう。

そう私は早合点したのですが、そのあとみなさんが続けておっしゃったことは予想とは全く逆でした。

「三木住職、聞いてください。私、凄く不思議な体験をしたんです」

一人の男性が大きな声でこうおっしゃいました。それが何かの合図であったかのように、他の方々も口々に自身の体験した霊体験を話し始めたのです。結果として、私は貴重な数々の不思議な体験談を聞かせていただくことが出来ました。

そんな中でも、この地で特に印象に残ったお話があります。それは、年の頃は私と同じ四十代半ばの男性からお聞きしたお話です。

男性は、この漁師町で生まれ育ち、現在、漁業関係のお仕事をされています。この町で幼なじみの女性と結婚され、もうすぐ中学生になるお子さんもおられるそうです。

見た目は屈強な漁師さんといった風貌ですが、この男性、子供の頃は、熊の縫いぐるみがないと寝られなかったそうです。この熊の縫いぐるみは、男性が物心のついた頃からあって、眠るときには一緒でないと泣いてしまいます。ご両親も、何度も捨てようとされたそうですが、隠すと大泣きするので、その機会を逸していたようです。

この熊の縫いぐるみの名前は、「くーさん」。中身はビーズやストローの輪切りになった物が入っているので、縫い目が破れて中身がこぼれ出ても、母親に中身を足して直してもらっていたそうです。

小学校に上がってからも、くーさんは手放せませんでした。学校から帰って、友達の家に遊びに行くときも、必ずくーさんも連れて行きます。それでも友達はみんな理解があり、笑ったりする人はいなかったそうです。

そんな状態のまま、小学校四年生の夏休みになりました。

夏休みに入ってしばらくした頃、友人がみんなで海に行こうと誘いに来ました。

子供の足でも歩いて十分程の近場に海水浴場があり、小さい頃から泳ぎの練習も出来ているので、子供だけで泳ぎに行ったそうです。もちろんこの時も、熊のくーさんは一緒です。

海水浴場には、沢山のパラソルが立ち並び、砂浜から百メートル程先の沖には、プカプカと四角い箱のような物が浮いています。

これは、木組みの枠に、車のタイヤを括り付けた人工の小さな島です。

友達は一斉にその島に向かって泳ぎ始めました。熊のくーさんを右手に持ったまま、みんなの後を追いかけます。

片手で泳ぐので、友達よりもかなり遅くに島に着きました。

友達の一人が「大丈夫か。くーさんもいるか」そう気遣いながら、左手を引っ張って、島にあげてくれました。

「お前とくーさんを待ってる間に休めたから、先に戻ってるぞ。お前たちは後でゆっくり泳いできたらいいからな」

そう言って、友達はまた一斉に海に飛び込んでいきました。

ひとり浮島にゆらりゆらりと揺られながら、ふとこんなことが頭をよぎりました。

「僕は今、四年生。もうすぐ高学年だ。六年生には修学旅行もある。いつの日か、くーさんともさよならする日が来るのかな」

その時、海水を含んだくーさんは、いつもよりずっしりと重たく、太陽の熱で暖かくって、まるで本当に生きているように感じたそうです。

あまりこのことを考えていると、悲しくなって来るので、出来るだけ考えないようにしようと、またしっかりとくーさんを右手に持って、浜に向かって飛び込みました。

右手にはくーさんを抱え、左手だけで水をかきながら進んでいると、急に右足首に違和感を覚えました。少し右足を強めにバタつかせていると、何かが足に絡まりました。

ワカメか何か海藻のような物が足首に絡まったのかなと思いました。ただワカメにしてはバタ足をしているのに一向に取れない。むしろだんだんきつく絡まり、引っ張られているような気もする。おかしいと思って海水に顔をつけて確かめると、自分の足首を大人の手がしっかりと摑んでいたのです。

慌てて足をはげしくバタつかせながら、砂浜にいる友達に助けを求めようとした時、足首を摑んだその手は、男性を一気に海中へと引きずり込もうとしました。

驚いて渾身の力を振り絞って左手だけで水をかきますが、全く海面には上がれず、

どんどん海中へと引きずり込まれていきます。もうお父さんにもお母さんにも会えない)
(どうしよう。このままでは死んでしまう。もうお父さんにもお母さんにも会えない)

死の恐怖が頭をよぎり、生存本能がそうさせたのでしょう、両手で水をかいていたそうです。両手を使って無我夢中で海水をかき、海上を目指しますが、なかなか浮上できません。もう息が続かないと諦めかけたその瞬間、右足首を摑んでいる手が、痙攣するようにピクピクとなって、摑んでいる力が緩くなったのです。再び右足首を見ると、摑んでいる手の腕のあたりにしがみついて、自分の足首から、その手を振りほどこうとしている小さな人影が？　いや、違う、くーさんだ！

意識が朦朧とするなか男性ははっきりと見たそうです。海中で必死に戦うくーさんを。くーさんが戦ってくれている。そう思うと再び力が湧いてきて、男性は残った力を全て出し切って、両手で力一杯水をかきました。すると、急に体が軽くなり、水面に顔を出すことが出来ました。

「大丈夫か!!」

姿が見えなくなった男性を心配して、友達が大人に助けを求めていたのです。大人に救助されながら、くーさんはどこに行ってしまったのかと、海水に顔を潜らせて見ると、足首を摑んでいた腕と共に、くーさんが海の中に沈んで行く姿がはっきり見えた、と男性は話してくださいました。

「それが、私がくーさんの姿を見た最後になりました……」

男性の表情は、あまりに悲しげでした。大の大人になっても、彼の心にはしっかりとくーさんが生きている。くーさんは、唯一無二の大切な友人が、何十年を経ても今なおこうして自分の話をしてくれていることを、どこからか嬉しく見守ってくれているのではないでしょうか。自慢げな表情を浮かべているクマの縫いぐるみを私は思わず想像して微笑んだのでした。

クマのくーさん　その二

「ご住職、聞いて欲しいのはこの先の話なんです！」

心温まるお話だなぁと思っていたところに、男性は何かを訴えるかのように強い口調でおっしゃいました。

「それから私は結婚して子供も授かり、幸せに暮らしていました」

日本酒をぐいっと飲み干し、空になったお猪口を勢いよくカウンターに置くと、男性は真剣な面持ちで、再びゆっくりと話し始められました。

結婚をして子供を授かってから、私は、自分の幼い頃のようにわが子に縫いぐるみを渡してみましたが、あまり興味を示しませんでした。親子といっても、性格は違うものなんですね。

そして子供が四歳になる年に、近くの幼稚園に通うようになりました。夏になると、幼稚園から海が近いので、砂浜に連れて行ってもらうようになりました。

その日は、天気は悪くなかったのですが、風が強かったようです。幼稚園の先生方も、風が強い日は海の天気が変わりやすいので、早めに園に戻ろうと話し合っておられたようです。

子供たちを砂浜で遊ばせていると、案の定、風が強く吹いてきたので、

「みんなお手て繋いで帰るよ」

と先生が声を掛けたんですが、私の子供はまだ遊びたいと、波打ち際に走り出して行きました。子供の足が押し寄せる波に触れた瞬間、足を波に飲まれて海の中へと引きずり込まれてしまったんです。まったく一瞬の出来事で、急いで海に飛び込んで助けようとしたのですが、瞬く間に姿を見失ってしまいました、と憔悴した先生方がお話ししてくださったのを覚えています。

私は、漁業組合の事務所で電話を受けて、子供が行方不明になったことを知りま

した。考える暇などなく、すぐに知り合いに頼んで、捜索のために船を出してもらいました。

しかし、警察や、漁業関係の仲間の懸命の捜索の甲斐もなく、私の子供は見つかりませんでした。私は海の怖さを知っています。波にさらわれてから一日が過ぎ、二日が過ぎたとき、最悪の事態を、わが子の死を覚悟しました。

ところが、三日目の朝早く、子供を見つけたとの知らせを警察から受けたんです。子供が運ばれた病院に行くと、何事もなかったかのように、ベッドの上で元気にお菓子を食べていたんです。私は泣きながら我が子を抱きしめました。

「大丈夫だったか。怖かっただろ」

「ううん、大丈夫だったよ。だって、くまさんがずっと一緒にいてくれたもの」

海で、ずっと熊と一緒にいた……当然ながら、お医者さんは、眠気や空腹から夢でも見たのでしょうと笑っていました。

二日後、子供は無事に退院し、自宅に帰ってきました。

「ねえ、海に流された後、どうなったの？」

夜、子供を寝かせ付けようと布団に横になっているときに、行方不明になってからの話を詳しく聞いてみることにしました。四歳の子供の話ですから、時間の経過や場所などは要領を得ないところが多くありましたが、それは不思議な話でした。

子供は、波に足をさらわれて、すぐに海の中に引きずり込まれ、海中へと沈んでいきました。息が出来ず苦しんでいるときに、ふと手を上に引っ張られた。なんと熊の縫いぐるみが子供の手を取って、海面まで連れて行ってくれたというんです。浮上するや、熊の縫いぐるみは、右手に子供の手を摑み、左手だけでゆっくりと泳ぎ始めたそうです。

その間、子供は不思議と恐怖や不安はまったく無かったというのです。やがて遠くに光が見えた。これは恐らく浜にある建物の明かりではないかと思います。泳ぎついて子供を陸にあげると、子供を抱きかかえるように一晩寝てくれたと話してくれました。

同じ話を聞いた警察は、子供の発見場所付近をくまなく捜索しましたが、縫いぐるみらしき物は発見されませんでした。物証が見つからない以上、警察は、波に押し戻され、浜で二日程意識を無くしていたのだろうと、結論づけました。

しかし、私は熊の縫いぐるみの存在を信じています。それは溺れる私を助けてくれたくーさんに違いない。私も子供も、くーさんが助けてくれたと思うんです。

いつしか目に涙を浮かべて話し終えた男性から、私はひとつ質問をされました。

「くーさんの供養をしたいのですが、どのようにしたらできますか」

お経によると、亡くなられた方への最高の供養とは塔を建てることだと記されてあります。塔を建てて供養することを、塔婆供養と呼びますが、私は男性に、塔婆供養をしてくれるお寺にお参りして供養してもらうことを勧めたのでした。

数日後、私の元に男性から電話がありました。

「三木住職ですか。やっぱり子供を助けてくれたのはくーさんでした」

「どうしてそれが分かったんですか」

そうお聞きすると、男性は涙混じりの声で、説明してくださいました。

男性は私と話をした次の日、早速近くのお寺に行き、塔婆供養をされたそうです。

その日の夜、ある夢をご覧になられたそうです。

夢の中で、サクッ、サクッという聞き覚えのある音が近づいてきます。音のする方を見ると、熊の縫いぐるみが向こうから歩いて来ます。目を凝らしてよく見れば、それは首を傾げたくーさんだったそうです。

思わず男性が「もしかして、くーさん？」と問いかけると、熊の縫いぐるみは、傾げた頭を嬉しそうに揺らしながら、何度も頷いたそうです。

そして頷く度に、首元からサラサラと何かがこぼれ落ちている。近づいてみると、首を傾げていたのは、首のところの糸がほつれていたからで、よく見ると肩も足の繋ぎ目もかなり痛んでいます。サラサラとこぼれていたのは、縫いぐるみの中身に入ったビーズやストローの輪切りにされたものだと気付きました。

「僕が子供の頃に海で溺れたのを助けてくれたのは、くーさん、君だったよね」

　そう聞くと、再びゆっくりと頷きます。頷くとまた中身がこぼれ落ちます。

「くーさん、もしかして、僕だけじゃなくて、僕の息子もくーさんが助けてくれたの？」

　くーさんは、子供が無事で良かったと喜ぶように、再び大きく頷きます。中身は随分こぼれてしまったはず。くーさん、もう頷かなくていいよ。くーさん、ありがとう。でももう大丈夫だよ。僕はもう大人になったし、家族のことは僕が守るから。これからは、自分の幸せだけを考えてね……。

　縫いぐるみの幸せとはなんでしょうか。持ち主に愛され、大切にされ、別れてもなおずっと覚えていてもらうことではないでしょうか。だとしたら、くーさんは、もうすでに、ほかのどの縫いぐるみよりも幸せなのではないでしょうか。なぜなら、この男性と家族は、それ以来欠かさずに、くーさんの塔婆供養を続けておられるのですから。

〜供養〜

先祖供養の大切さがよく言われますが、そもそも供養するとはどういったことでしょうか。

時折、「あなたが不幸なのは、先祖供養していないからだ」という言葉を耳にすることがあります。しかし、これは間違いだと私は考えています。ご先祖さまが、子孫に対して不幸にしてやるなどと、あえて考える訳がありません。

また逆に、お墓に行って「あなた方のせいで、私たちは不幸です。これだけの供養をしてあげるので幸福にして下さい」とお願いすることは、果たして供養と言えるのでしょうか。

たとえるならば、電車で席を譲ってもらった時に、譲ってくれた人から「譲ってやったんだからお金を出せ」と言われているようなものです。

ほかにも、ご先祖さまのお墓やお仏壇に向かって、「宝くじを当てて下さい」などとお願いされる方がおられるようですが、これも正しいとは言いがたい。

仏教の説くところでは、「自分はどうなってもいいから、ご先祖さまや亡くなられた皆様は幸福でいてください」と願うのが本当の供養です。

これは、生きている人間同士でも同じです。自分のことを勘定に入れず、他人のために何かをしてあげることが大切です。

仏教では、そうした無私の心で奉仕する人たちを、菩薩と呼びます。生きているか死んでいるかは関係なく、全てのものに供養を施す広い心が欲しい。私は、願わくは菩薩となりたいものです。

第三章

呪い

呪いというものは、どこから生まれるのでしょうか。

当たり前のことかもしれませんが、人間の心から生まれてきます。

では、どのようにして生まれるのでしょうか。

腹立たしいことがあると、怒りを感じます。その怒りが、どうしても忘れられず、持続していくと、やがて恨みに変わります。恨みは、晴れることなく続いていくと、やがて呪いに変わってしまいます。

呪いを持っている人は、直接相手を傷つけたり、藁人形を使うなど、間接的に相手にぶつける方法などをとります。

しかし、相手に呪いをぶつけた後は、必ず〝生みの親〟である自分に還って来てしまいます。

還って来た呪いは、その本人にぶつかった後、消えてしまいます。

しかし、呪いを相手や外にぶつけない人もいます。その場合、相手を呪ったままこの世を去り、死後、相手の元に行くこともあるようです。この場合でも、必ず呪いは生み出した本人に還りますので、死後、魂は苦しむことになるのでしょう。

ここでお話ししますのは、呪いに憑かれた方々の恐怖の体験でございます。

リボン

公園などで遊んでいる子供達を見ておりますと、初対面同士であっても、人見知りな子供であっても、一時間もすれば一緒に遊んでおり、帰る頃には「また明日ね」とすっかり友達になっている姿をよく見かけます。一方、大人になりますと、初対面の方と友達になれる機会というのは、そうそうあるものではないように思います。

これからさせていただきますお話は、大人同士であるにも拘わらず、初めて会った瞬間から友達になられたお二人のお話です。

そのお二人というのは、私のお寺からそう遠くない所にあるラーメン屋さんで働く店員さん同士です。

お一人は、四十歳過ぎの男性で、このラーメン屋さんの店長、山村さんです。もうお一人は、男子大学生の佐々木君です。

お二人の最初の出会いは、佐々木君がアルバイトの面接に来た時でした。その際、佐々木君が着ていたTシャツが、怪談マニアの間で有名なTシャツだったので、店

長が、

「佐々木君、もしかして怪談好きなの？」

と聞きました。すると、佐々木君が驚いたように、聞き返します。

「え、店長さんこのTシャツをご存じなんですか？」

そうです。二人は大の怪談マニアだったのです。

そこからの二人は、面接も忘れて怪談話に花を咲かせたそうです。もちろん、アルバイトの面接は合格です。趣味が同じ者同士は、大人であってもすぐに友情が生まれるもののようですね。

以来、年齢は離れているにも拘わらず、休みの時は必ずと言ってよいほど、二人で出掛けておられました。むろん行き先は、心霊スポットです。

ある日の夜、二人でバイクに乗って、小さな女の子が出ると噂の心霊スポットに出掛けられました。ここからは、後に山村店長からお聞きした話です。

私たち二人は、原付バイクで京都府内のA郡B町にある廃屋に向かいました。

そこは庭付きの大きな廃屋で、ハリウッド映画にでも出てきそうな洋館風の作りになっていました。私たちは庭の入り口にバイクを止めて中へと入りました。

時間は夕方の六時頃でしたが、日はまだ西の空にあり、もう少し暗くなってから建物の中に入ろうと、すこし庭で時間を潰すことにしました。

小腹が空いていたので、玄関前の庭で、来る途中に買ってきたお菓子やパンなどを佐々木君と一緒に食べ始めました。佐々木君がゴミをそのまま庭に捨てるので、私は軽く注意をしました。しかし佐々木君は、「誰も来ないから、大丈夫ですよ」と拾おうともしません。繰り返し私がゴミを拾うように言って、しぶしぶゴミを拾いました。彼はお腹が減るとイライラすることがあり、この時もそうでした。

彼が、拾ったゴミを手に持ったままだったので、私がそれを受け取り、私のゴミと一緒にバイクの前かごに入れました。

やがて、日は沈み、辺りは暗くなって来ました。私たちは廃屋の中に入り、建物内に足を踏み入れました。怪談マニアの私たちでも、さすがに薄暗い廃屋は気味が悪く、自分たちが一歩足を踏み出す度に聞こえる床の軋む音が、さらに恐怖をかき立てました。一階にはキッチンや、食堂らしき部屋、そして大きな暖炉までありました。

この洋館には小さな女の子の幽霊が出るという噂。もし出るとしたら、西洋のお人形のような女の子に違いない。そう勝手に想像してしまう程、この建物は西洋風の造りだったのです。

洋館には二階がありました。階段の劣化が激しく、二階に行くのは危険だと思いましたが、佐々木君は、体重が軽いから僕一人なら大丈夫と、二階に続く階段に足を掛けました。数段上ると、バキッという音と共に、階段の踏み板が折れ、彼の足が階段の下へと突き出ました。とっさに佐々木君は手すりを摑んだので、転倒することはありませんでした。手を貸そうと近づこうとしたその瞬間、彼が突然大きな声を出しました。

「ウワー!!」

何事かと彼をライトで照らすと、「何かが、手首に……」と顔をひきつらせています。すぐに彼の手首を照らすと、数本のリボンが巻き付いています。とりあえず私は、リボンを外そうとしたのですが、暗闇で、しかもなぜかリボンは固結びされていて、なかなか解けませんでした。佐々木君は、「もう切って下さい！　早く切って下さい！」としきりに金切り声をあげていましたが、五分ほど掛けてリボンを解きました。私は、このリボンを切るという行為が、更なるアクシデントを呼ぶような気がして、どうしても切ることができなかったのです。

これ以上の長居はよくないように思いました。「もう帰ろう」と私が言うと、佐々木君も頷きます。出る前にもう一度、と二人で階段をライトで照らしてみました。階段は洋風の階段で、軽くカーブを描くように二階に向かって作られています。

一瞬ギョッとしたのは、手すりにたくさんの蛇がぶら下がっているように見えたからです。手すりの白い塗料は所々剝がれ落ちていましたから、剝がれた塗料だろうと、目を凝らして見ると、確かに蛇などではない、そうではなくて、これは……リボン？　塗料が剝がれて垂れ下がっているのではなく、手すり部分から階段の踏み板に向かって縦に伸びた木の部分に、大量のリボンが括り付けてあったのです。

それが大量のリボンだと気が付いてから、改めて周りを見渡すと、窓に取り付けられたカーテンレールにも、無造作に転がっている椅子の脚にも、大量にリボンが括り付けてありました。

恐怖より好奇心が勝ったのでしょう、佐々木君は「ちょっと奥の部屋も見てきます」と、奥の部屋へと確認に行きました。私も恐怖に駆られながらも、他の部屋を確認に行くと、キッチンのテーブルの上に置かれた燭台にも、そのテーブルの脚にも、とにかくそこらじゅうに大量のリボンが括られていました。

「山村さん帰りましょう！」

佐々木君の声が玄関から聞こえてきました。私はすぐに玄関に戻り、待っていた佐々木君と建物を出ました。彼の見に行った部屋にもリボンが至るところに括られていたそうです。

外に出て少し落ち着いた私たちは、せっかく来たのだからと庭を少し見て回ろうということになり、建物の裏へと続く庭の小道を進んで行きました。

昔は綺麗に切り込まれ、美しかったであろう木々が、今では自由に枝葉を伸ばし、鬱蒼としたジャングルのようになっていました。木々の中には、棘（とげ）を持つ木もあり、時々二人はチクチクとした棘に当たったりしました。

そして気が付いたのです。鬱蒼とした木々に括られていた大量のリボンに。それに気が付いてはさすがに気味が悪く、私はすぐに前庭に戻ろうとしたのですが、佐々木君はなおも数本のリボンを記念に持って帰りたいと言い出します。いくら怪談マニアとはいえ、それはよくないと反対する私を無視して、彼は裏庭に一人で戻り、すぐに数本のリボンを持って来ました。

固結びされていたはずのリボンが、よく簡単に解けたなと私が問いかけると、「いや、カッターで切ってきました」とあっけらかんと言います。言葉にならない不安を感じつつも、一刻も早くここから帰ろうと、バイクの置いてある場所まで戻りました。

すると私のバイクのスロットル部分に、一本のリボンが括り付けてありました。そればかりか、前かごの中にも大量のリボンが入っていました。かごに入ったリボンを取り上げてみると、先程のパンやお菓子のゴミの入った袋に、リボンが大量に括ってあったのです。

隣では佐々木君も驚いていましたが、これはさすがに霊の仕業な訳はありません。

私は怪談マニアですので、いくらなんでも怪奇現象が起きるはずがないと感じたのです。それに佐々木君は、一緒に心霊スポットに出掛けると、私を怖がらそうと、時々こうしたいたずらをすることがありました。今回も、二人で別々の部屋を確認に行った時に、彼だけがバイクの所まで来て、リボンを括りつけることも、時間的に不可能とは言い難い。私は佐々木君に、

「これは不自然すぎるよ。佐々木君の仕業でしょ」

と言いました。すると彼は、

「ち、違いますよ！　本当に僕じゃないですよ。これはヤバいですよ。早く帰りましょう」

と真顔で答えるばかりで、何度問い質しても、ネタばらしをしないどころか、いたずらをしたことを決して認めません。苛立った私は、前かごのゴミをリボンごと彼のバイクの前かごに入れて、スロットルに括られたリボンを解きました。

「山村さん、やめて下さいよ」と心底嫌そうな顔をして、彼は私の前かごにゴミを戻してきました。

彼がいたずらを認めないことや、ゴミを戻してきたことに私はさすがに頭に来て、ゴミを彼に投げつけました。ゴミは地面へと落ちましたが、そのままバイクのエンジンをかけて、一人で先に帰路についたんです。

ここまでが、山村さんのお話です。ここからは、山村さんと別れた後のことを、佐々木君が語ってくれました。

完全に僕を疑ったまま、山村さんは先に帰ってしまいました。一方的に僕がいたずらをしたと決めつけられたことは不愉快でしたが、とはいえ僕も、少し罪悪感があったんです。

ここに着いた時に、お腹が減っていてイライラしており、ゴミのことで言い合いになったことや、以前に数回、心霊スポットで山村さんにいたずらをしたことがあったからです。

それでもゴミを投げつけるなんて酷いなとは思いました。ですが、この時はこの怪奇現象が、山村さんのいたずらであったら良いのになと、本当に恐怖を覚えていたのです。

僕は、山村さんが帰った後、複雑な思いのまま、バイクのエンジンをかけて、帰ることにしました。

僕は一人暮らしをしており、古びたアパートに住んでいます。部屋は二階なので、階段を上がり、部屋の扉を開けようとした時、扉のノブの部分に一本のリボンが括り付けてあったのです。

一瞬、ドキッと驚いたものの、ははあ、やっぱり山村さんが僕を驚かすためにドッキリを仕組んだんだなと分かりました。さすがに霊的現象で、こんなことがあるはずがないと思ったのです。

私は部屋に入って、山村さんにネタばらしをしてもらおうと、携帯電話に電話してみました。しかし、全く電話に出てくれません。何度か掛けてみましたが、やはり出てくれません。どうせ明日お店で会うから、それまで僕を怖がらせようと思っているに違いないと、僕はそのまま眠りにつきました。

次の日の朝早く、僕は携帯の呼び出し音に起こされました。電話の相手は山村さんです。こんなに朝早く電話してくるなんて、昨日のことをさすがに悪いと思ったのかなと、おかしく思いながら電話に出ました。

「もしもし、佐々木君か」

もうドッキリはバレてますよと言いかける前に、いつになく深刻な声で続けてこう言われたんです。

「実は昨夜、事故を起こして、今、入院中なんだよ」

僕は、まだドッキリが続くのかと少しうんざりしました。

僕のアパートから山村さんの家まではそう離れていないことも知っていましたの

で、昨夜、僕より少し前にこのアパートにリボンを括りに来ているはずです。

またまた、もうやめてくださいよーと信じようとしない僕を憐れむかのように、「とにかく○○病院に来てくれ」とだけ言うと山村さんは電話を切りました。悪い冗談だと思いつつ、とにかく指定された病院に行きました。

すると包帯を巻かれた山村さんが、本当に入院していたのです。幸い怪我はたいしたことはなく、この日のうちに退院になりました。詳しく経緯を聞くと、あの場所からの帰り、国道に出た直後にタイヤがロックしたようになり、バイクごと転倒してしまった、通りかかった車の運転手がすぐに救急車を呼んでくれて、そのまま病院に運ばれて事なきを得た、と。この話に嘘はありません。病院の先生にも確認しましたし、山村さんが事故に遭ったのは間違いありません。


では、誰がリボンを佐々木君のアパートのドアノブに括り付けたのでしょうか。

山村店長はこの日、大事を取って帰宅し、佐々木君は普段通り仕事をしたそうです。しかし、これで終りではなかったのです。

午後八時頃に仕事を終え、アパートに帰宅した佐々木君が部屋で目にしたもの――。一瞬にしてパニックになった彼は、息も絶え絶えに私に電話を掛けて来られました。

「三木住職、こんな時間にすみません。すぐに僕の部屋まで来てください！」

彼の電話先の声は震え、何があったのかと問うても一向に要領を得ません。これは一大事だと、私はすぐに彼のアパートへと向かいました。

アパートに着くと、彼は私の方に駆けつけて来て、「ご住職、へ、部屋の中が大変なことになっているんです！」と叫びながら訴えて来ました。

二階の彼の部屋の前まで行くと、ゆっくりと扉を開けました。部屋の中に入った途端、立ち込める異様な空気と、身の毛もよだつような異常な光景が広がっていました。

部屋に置かれたベッドの手すり、机や椅子の脚、カーテンレールなど、至るところに、色とりどりのリボンが大量に括り付けてあったのです。よく見れば、コーヒーカップの取っ手の部分、吊り下がった電気の紐、水道の蛇口にまで、容赦なくリボンが括られていました。

佐々木君の話では、帰宅したらこの状態だったというのです。そして、私にこのリボンを取って欲しいというのです。

この時点ではまだ詳しい事情を知らなかった私は、この状態のまま警察に連絡するようにと勧めたのですが、彼は頑なにそれを拒否しました。

仕方なく私は、部屋の至るところに括られたリボンを解く作業に取りかかりました。

　リボンは全てきつく括られていて、そうそう簡単には解けません。しかも並大抵の数ではない。はさみとカッターを使って、ひとつずつリボンを切りながら外すよりほかありませんでした。とくに苦労したのは、蛇口部分にギッチリと括られたリボンで、繰り返し何度もカッターの刃を当てないと切れませんでした。

　全てのリボンを外すのに一時間近くは掛かりました。その間、佐々木君は部屋の外で、恐怖に震えていました。とてもこの部屋で眠ることなど無理そうです。佐々木君にはお寺に泊まってもらうことにしました。

　翌朝、佐々木君は丁重にお礼を言うと、仕事へと出掛けていきました。一夜限りの不思議な出来事で済めばよかったのですが、その日の夜、再び佐々木君から電話が来ました。

「三木住職、昨夜に引き続き何度もすみません。また来ていただけませんか。部屋の中に、何か、いるみたいなんです……」

　その何かに聞こえないように配慮しているのか、小声で震えながら私に伝えてきたのです。切々と訴える佐々木君の言葉に、私はすこし違和感を覚えました。彼は「誰か」ではなく、「何か」と言います。受け取りようによっては、人間以外をさしているようにも感じたからです。

私は再びアパートへと急ぎました。アパートの階段の下では、小さくうずくまった佐々木君が待ちわびたように手招きしています。

早速、彼の部屋へ向かい、佐々木君には階段の下にいてもらって、もしも人間であればすぐに警察に連絡するようにと言いました。

私は二階にゆっくりと進み、部屋の前まで来ると、確かに、〝何か〟が部屋の中で動いていると確信しました。なぜなら、扉の横のガラス窓越しに、大きな影が動いていたからです。しかも、よく耳を凝らすと、中から微かな息遣いのようなものも聞こえてきました。

私は部屋の扉のノブにゆっくりと手を伸ばすと、息を整えて思いっきり扉を開けました。

暗い部屋の中には、しかし明らかに人間と思われる影がしゃがみ込んで、何かをしている後ろ姿が確認できました。

私は下にいる佐々木君に大きな声で、警察に連絡するように伝えると、履き物のまま部屋へと入っていき、部屋の電気を点けました。

警察への連絡を済ました佐々木君も部屋へと来ました。電気を付けてもなお、犯人はしゃがみ込んだまま何かをしています。

そして犯人をよく見た私達は、思わず恐怖を感じました。そこにしゃがんでいたのは、山村店長だったんです。

しかも山村さんは、何かに取り憑かれたように、一心不乱にリボンをテレビラックの脚に括り付けていたんです。

私達が何度声を掛けても、視線を合わせることもなく、大量の汗をかきながら、リボンを括るのを止めようとしません。

程なくして駆けつけた警察官が、無理にその作業を制止しようとされましたが、止めるどころか、大声を出して抵抗し始めました。

警察官が三人がかりでパトカーへと乗せて、山村さんと私たちは警察署に連れて行かれました。

知り合いであることや、心霊スポットでの出来事などを警察の方に説明した佐々木君は、山村さんに一度お経を挙げて欲しいと私に懇願してきました。

私は警察の方の許可を得て、取調室で暴れる山村さんに、お経を挙げました。お経を挙げ始めて程なくすると、山村さんは床に倒れ込み、そのまま寝てしまわれました。そして、一分ほどで再び起き上がり、驚いたような顔で、なぜ自分は警察にいるのか、自分は何をしていたのか尋ねてこられました。どうやら今夜の記憶がないようです。

住居への不法侵入でしたが、知り合いであることを重ねて説明し、もちろん被害届も出さないことで、なんとか帰宅することが許されました。
正気に戻った山村さんは、心霊スポットの帰りに事故に遭ってから、自分の原付バイクを預かってもらっているのが偶然にもこの警察署だと気付き、ついでにバイクを持って帰ることにしました。バイク置き場に案内していただき、バイクを押して帰ろうとすると、バイクのタイヤが上手く動きません。嫌な予感がしてタイヤを見ると、そこには……大量のリボンが括り付けてあったのでした。

このリボンは一体何だったのでしょうか。もしかしたら、あの屋敷に住む女の子が、自宅に勝手に入ってきてゴミを捨てたり、リボンを切って持って帰ろうとした、傲慢な人間たちに贈った〝プレゼント〟だったのかもしれません。

翌日、三人で再びその心霊スポットを訪れ、庭を清掃して、お経を挙げさせていただいたのは言うまでもありません。
ちなみに、二人の勧めるラーメン店に来たお客さんにこの話をすると、最初は嘘だと馬鹿にされることがあるそうです。しかしその後、やっぱり信じてくれる方も多くおられるそうです。

なぜ信じてくれるのか。それは、話を聞いて帰宅したお客さんが、見覚えのない真新しいリボンが固く括られているのを見つけるからだそうです。

レンタル彼女

皆さんは、「レンタル彼女」というお仕事をご存じでしょうか。聞かれたことのない方も、大体の想像がおつきかもしれません。

レンタル彼女とは、彼女をレンタルする、すなわちお金を払って、一定の間、彼女になってもらうというものです。

このレンタル彼女というお仕事があるのを知ったきっかけは、私の知り合いの女子大学生の吉田さんから、このアルバイトをするとお聞きしたことでした。

彼女によりますと、主な仕事の内容は、お客様の話し相手、食事相手になるというもので、簡単に言えば、人に言えない悩みや愚痴を聞くことだそうです。

今回は、この大学生の吉田さんが体験されたお話です。

私がこのお仕事を始めて、最初のお客様は、年齢が三十代半ばの男性で、小太りでリュックを背負った、長髪の方でした。

この男性は、女性と話をするのが苦手で、レンタル彼女で女性と話が出来るようになるための練習をしたいと、申し込まれたのだそうです。

初め男性は、私の顔も見られないほど緊張した様子でした。俯いて何もお話しされないので、会話のきっかけを作るにはどうしたらよいかレクチャーしたのです。

「まず女性に、趣味は何ですかと、男の方から聞いてあげたらどうですか」

「あ、あ、そうですね。それじゃあ、趣味は何ですか」

男性の声は小さく震えています。

「私の趣味は、クマのグッズを集めることです」

「あ、そうですか……」

また俯いてしまった男性に、すかさず諭します。

「そういう時は、どういったグッズですかって、話を膨らまさないと」

「なるほど。どういったグッズですか」

「そうですね、クマのグッズというのは、このキーホルダーとか……」

その後も、私のアドバイスを、男性がオウム返しで話すことを繰り返し、早くも一時間が過ぎようとしていました。

最後に、「髪は長いよりも、短い方が似合うと思いますよ」と言って別れました。

一人暮らしのアパートの部屋に戻って、男性に話し方や髪型まで変えるように言ったのは、言い過ぎたかもしれないな……と反省しました。もしかしたらもうレンタルされないかもしれないとも。

しかし予想に反し、一週間ほどが過ぎた頃、会社から、再びあの男性から指名があったと連絡が来たのです。

再びバイトができると喜んで男性との待ち合わせのカフェに行きました。すると驚くことに、男性の長かった髪の毛はバッサリと切られて短髪になっていたんです。

「髪の毛、切られましたね。とてもお似合いですよ」

そう言うと、男性は嬉しそうに微笑まれて、

「女性に褒められるのは初めてです。すこし自分に自信がつきました。他にもなおした方がよいところはありますか」

男性に感謝されたことに気をよくして、私は遠慮なく思っていることを話しました。

「そうですね……、相手の体型を気にする女性は多いと思います。もっと痩せた方が格好いいと思いますよ」

まだ二度会っただけの他人に対して随分失礼なことを言ってしまったと思いますが、男性は嫌な顔ひとつせず、「わかりました」と頷きました。

この日も一時間が過ぎようとする頃、男性は、何か意を決したように、「あの、今日はプレゼントを持って来ました。受け取ってくれますか」

「え、本当ですか⁉」

まったく想像していませんでした。男性から、リボンの付いた大きな紙袋をカバンから取り出して渡されました。

紙袋の中身は、クマの縫いぐるみが付いた帽子でした。正直なところ、この帽子は遊園地などで被るとおかしくはないけれど、普段街中では被れないな、とは思いました。そうは思いましたが、この男性が、クマのグッズは何かないかと、頑張って探し回って選んでくれたのだと思うと嬉しかったです。

「ありがとうございます。大切にしますね」

「女性にプレゼントして喜んでもらえたのは初めてです」

男性が喜んでくれると、何となく自分も人の役に立てていることが嬉しくて、このお仕事を楽しいと思えました。

そして、また一週間ほどが経った頃、あの男性から指名がありました。

いつものように待ち合わせのカフェに行くと、男性は右足を引きずっています。足を怪我されたのですかと尋ねると、ダイエットしようとマラソンを始めたのですが、慣れない運動で足を挫いてしまって……と苦笑いを浮かべます。前回、もう少し痩せた方が良いと助言したことを素直に受け止め、実行されていたのです。なんて素直で努力家なんだろう。ますます好意を懐きました。

男性との話も一時間が過ぎようとした頃、再び男性が「今回もプレゼントがあるんです」と、カバンから袋を出しました。

袋の中身は、クマの縫いぐるみが付いたスリッパでした。

「いつも、ありがとう。これも大事にしますね」

男性は嬉しそうに帰って行かれました。

部屋に帰って暫くすると、何となく体がだるく感じて、そのまま寝てしまいました。気が付くと朝になっていて、何か食べようとしたんですが、熱っぽくて食欲もありません。風邪でも引いたのかなと、近くの病院に行って薬をもらって、休むことにしました。しかし翌日も、翌々日も、一週間経っても、体調は一向に良くならず、風邪のような症状が続きました。その間、あの男性からの指名があったのですが、行けるような状態ではなく断りました。

月末になって私は、家賃の支払い期日が迫っていることに気付きました。そもそも両親からの仕送りだけでは払えないので、レンタル彼女のアルバイトを始めたほどです。休んでばかりはいられないのですが、相変わらず体調は優れず、心配は積もります。

そんなとき、あの男性からの指名が再び入りました。これは逃せないと、無理をおして男性に会いに行くことにしたのです。

いつものカフェで待ち合わせをして、やってきた男性は開口一番、

「体調を悪くされていたんですよね。大丈夫ですか」

と気遣ってくれました。そう言う男性の方も口にマスクをしています。聞けば、彼も風邪を引いているとのこと。

「私も、ちょっと風邪を引いてしまって」

「どんな症状がいつから出たのか詳しく聞かせて下さい。良い病院を探します」

そういって事細かに私の病状を聞き、メモにまで書いていました。

この日も終わりに近づいた頃、いつものように男性はプレゼントがあると言いながら、カバンから大きな袋を出しました。その袋の中身は、クマの縫いぐるみでした。

「熱が出てしんどいのに、来てくださってありがとうございます。この縫いぐるみを抱いて、風邪を乗り切ってください」

と優しい言葉まで掛けてくれました。私は本当に感動しました。

（なんて優しい人だろう。自分も風邪を引いているのに私の心配ばかりしてくれて）

部屋に戻ると、無理をしたせいか、熱だけではなく吐き気ももよおしてきました。夜にはそれに加えて下痢もひどくなり、ゆっくり寝ることすら出来ないほど体調は悪化しました。

男性からもらったクマの縫いぐるみを抱えながら、ひとり苦しみと闘っていました。

翌日、大学の友人が訪ねてきてくれました。体調を崩して以来、ずっと学校を休んでいたので、心配になって様子を見に来てくれたのです。

私がやつれてしまった姿にびっくりした友人は、すこし考えた後、こんなことを言い出しました。

「あなたの抱えてるその縫いぐるみ、何か嫌な感じがする」

「え、何を言ってるの？　この縫いぐるみはバイト先のお得意様からもらったんだから、そんなこと言わないで」

すこしムキになった私の言葉など聞こうともせず、他にもらった物はないかと聞いてくるので、男性からもらった、縫いぐるみのついた帽子とスリッパも見せました。

これらを一瞥するなり、友人は、有無を言わさぬ圧力で忠告してきたのです。

「その三つを持って、いますぐ三木住職のお寺に行こう」

こうして私はこのお話をお聞きすることとなった訳です。

吉田さんの友人は少し霊感があるらしく、この三つに嫌な感じがするのでお祓いをして欲しいとおっしゃいました。

私もその方と同じく嫌な感じを覚えました。そして彼女の話をお聞きして、私はあることを思ったのです。私は尋ねました。

「大変申し訳ないのですが、この三つの縫いぐるみの縫い目を切って、中綿を見てもよろしいですか」

吉田さんは、渋々ではありましたが、了承してくださいました。

まずは、縫いぐるみの付いた帽子の縫い目を切りました。そして中綿部分を開いてみますと、中から大量の髪の毛が出てきました。

この帽子をもらわれた時に、男性が短髪になっておられたのは、この中に自分の髪の毛を入れるためだったと思われます。

次に、男性が足を引きずりながら来られた日にプレゼントされたものは、縫いぐるみ付きのスリッパだと伺いました。こちらも縫いぐるみの部分の中身を見せていただきましたところ、中から足の爪と思しき物が五枚、出てきました。

そして、最後にプレゼントされたクマの縫いぐるみも中身を改めさせていただきました。するとそこには、前歯が三本入っていたのです。男性がマスクをされていたのは、風邪などではなく、前歯が無かったからではないでしょうか。

ここでは詳しくお書きできませんが、髪の毛、足の爪、歯の他に、ある物が一緒に入っていました。これは、ある国で行われる呪いのかけ方の一種で、もしかすると、この男性はレンタル彼女を使って、他人に呪いを掛ける実験をされていたのかもしれません。

私はすぐに、この三つのプレゼントをお焚き上げ供養しました。すると不思議なことに、吉田さんの体調も良くなっていきました。

お経に「還着於本人」という言葉があります。他人にした行為や発した言葉などは、必ず本人に還ってくるという意味です。ですから、他人に優しく接すれば、やがて自分にも良い形で還って来ます。しかし悪い行いをすれば、悪い形でその方に還り、苦しむこととなるわけです。

この話に出てくる男性は、今頃自分の発した呪いが還って来て、苦しまれているかもしれません。

頭痛

私は雨の降る前、必ずと言ってよいほど頭痛がします。これは、気圧の変化が原因で起こるらしく、天気痛などと言ったりするそうです。

頭痛には、肩こり、目の疲れなど、原因がある程度判明しているものもありますが、まだ医学的な説明がつかない頭痛も多くあるそうです。

今回は、そんな原因不明の頭痛についてのお話です。

「引っ越しをしてから、偏頭痛が続いたんです。病院にも行きましたが、これといった原因が分からず、多分引っ越しのストレスだろうと言われました。ですが、あることがきっかけで私の頭痛は治りました」

そうおっしゃるのは三十代前半の男性。何かスポーツでもされておられるのか、ガッチリとした体つきからは、ご病気をお持ちのようには見えませんでした。

「引っ越しのストレスではなかったということですか」

私が聞き返すと、しっかりと頷かれた後、こんなお話をされました。

私は最近まで、一軒家の家を借りて住んでいたんです。独身の私が一軒家を借りていた理由は、犬を飼っていたからで、小さくても庭が必要だったんです。

ですがその犬も、老衰によって亡くなってしまいました。こんな広い家を借りている必要性もなくなり、小さなアパートに引っ越すことにしたんです。

そのアパートの部屋は一階で日当たりも良く、両隣の部屋が空室ということもあり、とても静かで家賃も安く、文句の付けようのない部屋なんです。

正直、私はこの部屋に引っ越して来たことによって、むしろストレスから解放されたように感じていました。

ですが、引っ越し後ほどなくして、酷い頭痛に悩まされるようになったんです。この頭痛は、朝起きた時は酷い痛みなんですが、部屋を出ると不思議なくらい、ピタッと治まるんです。

朝起きたときだけの痛みならとやり過ごそうと思って我慢していたのですが、二週間ほど毎日続くとさすがに昼間の体調にも影響があり、朝の痛みを思い出して吐き気をもよおすようにもなってきたのです。

こんな話を会社でしていると、自称、霊感が強いという女性職員が、「部屋に悪い霊でもいるんじゃないですか」と言うんです。もちろん、それを真に受けたわけではないのですが、なんとなく気になって、その女性職員に一度部屋を見てもらうことにしました。

　仕事が終わって、彼女を私の部屋まで案内しようとアパートの近くまで来ました。すると突然、彼女は踵を返し「帰る」と言い出しました。

　私は、ここまで来たんだから見て帰って欲しい、とお願いしたんですが、彼女は「何となく危険を感じる」と頑として譲らず、そのまま帰ってしまいました。

　仕方ありません。霊感がないことが幸いというか、私は一人で「危険を感じる」とまで言われた部屋に戻り、いつものように就寝しました。そして朝起きると、いつものように頭痛が酷く、服を着替えてすぐに外に出ました。するとやはり頭痛はスッと消えてしまいます。

　その日、会社で、その女性職員に帰ってしまった理由を尋ねると、「何となく部屋まで行ってはいけないような気がした」と言うだけでした。

　そんな会話を聞いていた後輩の吉村が、「霊にそんな力があるわけないじゃないですか」と言い出しました。

　そこで、女性職員は、自分の言っていることが信じてもらえない悔しさからか、「信じないなら、部屋に泊まってみたらいいよ」と吉村を焚き付けるように言いました。

「よおし、先輩さえ良ければ今晩一泊させてくださいよ！」

自信満々に宣言する吉村。私不在の二人の応酬の結果はおかしなものでしたが、私もこのところ一人で部屋に戻るのが怖くなっていたので、渡りに船とばかりに吉村を迎えることにしました。

夕食を外で済まして、二人で私のアパートの部屋に入りました。

「先輩は何か感じますか。正直、私は何も感じないですけどね」

「いや、俺も霊感なんて欠片もないから、何も感じないよ。でもこのところの不思議な頭痛を考えると何となく怖くて、夜は電気を点けて寝るようにしてるんだ」

「先輩は、体に似合わず臆病なんですね」

笑われても、そんな吉村を心強く感じました。

吉村は就寝時に電気を消したいと言いましたが、私はせめて常夜灯だけ点けておこうと提案して、常夜灯の黄色い薄らとした灯りの中で寝ることになりました。

私は、一人ではない安心感からか、すぐに寝入ることが出来ました。そのまま朝までぐっすりと眠りました。

朝起きると私はいつものように酷い頭痛に襲われました。部屋を見ると、吉村はすでにいなくなっていました。もしかすると吉村も起きると頭痛に襲われたのかもしれない。私は会社に行く用意をして、すぐに部屋の外に出ました。いつものように、頭の痛みは全く無くなりました。

出社すると、吉村は会社に来ていました。

「朝起きるといなくなっていたから心配したよ」

「先輩、昨日の夜、俺、見てしまったんです……」

私はすぐに寝てしまいましたが、暫くすると苦しそうに唸りだしたというんです。心配した吉村が声を掛けようと私の方を見ると、うっすらとした足が私の布団の周りをぐるぐる、ぐるぐると歩いている。ハッとして、目を見開くと、足の上はぼやけて何もない。やがてその足は、私の頭のところで立ち止まると、私の頭をドンッ、ドンッと踏みつけ始めた。

驚いた吉村は思わず「わああ！」と声を上げると、その足が自分の方に向かって走って来る！　吉村はとっさに飛び起きて部屋の外に逃げ出したというのでした。

不思議なことに、それ以来、私の頭痛は起きなくなりました。私自身はその足を見ることはありませんでしたが、吉村に姿を見られたのが嫌だったのか、どこかに行ったのかもしれません。今となっては、私の頭痛の原因は、霊に頭を踏みつけられたことだった、そう思うしかないように思うんです。

この方は頭痛がなくなったということでしたが、念のため、ご祈禱を受けたいとお寺に来られたのでした。

私はお話をお聞きして、その霊が何者なのかは分かりませんでしたが、似たような事例を伺ったことがありましたので、疑うことはしませんでした。

ただ、少し気になることがあり、ご祈禱を済ませてからお伺いしました。

「後輩の吉村さんは、元気にされていますか」

男性は少し表情を曇らせて、教えて下さいました。

「吉村は、私の部屋に泊まった次の日から、頭痛が酷くなったらしく、会社をたびたび休んでいました。そして脳溢血で今は入院しているんです」

単なる偶然なのか、はたまた霊が吉村さんに付いて行ったのか……。不思議なお話でした。

鏡

「私の家内が呪いに掛けられて、おかしくなっているので助けて下さい」

私のお寺に、あるご夫婦が助けを求めてお越しになりました。お話を伺いますと、ご主人は奥様が何者かに呪いを掛けられ、体調を崩しているとおっしゃいます。病院にも行かれたそうですが、原因は分からないと言われたそうです。

なぜ呪いだと思われるかについては、あまり話をされません。もしかしたら、どなたかと喧嘩でもしておられるのかもしれませんので、あまり深くは詮索しませんでした。

本当に呪いが原因で体調を崩しておられるのかは分かりませんが、とりあえずご祈禱をさせていただくことにしました。

ご祈禱を終えて、奥様に声を掛けさせていただきますと、少し楽になったと言われました。それを聞かれたご主人は、次の日もお願いしますと、結局、七日間ご夫婦でお寺に通われました。すると、七日目のご祈禱が終わった日、奥様は初日とは見違えるほど顔色も、体調も良くなられ、まさに憑きものが落ちたように元気にお帰りになられました。

しかし、そのご祈禱をする度に、ご主人の顔色が優れなくなっていかれたように感じました。ご主人にそのことをお伝えすると、単に介護疲れだと笑われましたが。

それから一週間も経たないくらいで、今度はご主人だけがお寺にお越しになりました。

前回お会いしたときよりも、かなり顔色が悪く、体調も悪いご様子でした。そして、今回お寺に来られた目的が、今度はご主人に呪いが掛かっているので、ご祈禱をして欲しいとお願いされたのです。

再び、なぜ呪いのせいだとおっしゃるのかをお聞きしましたが、やはり詳しくはお話しいただけませんでした。

とりあえず、この日はご主人にお経を挙げさせていただきました。そして、奥様の時と同様に七日間ご祈禱をいたしました。しかし、今回は一向によくなられる気配がありません。

それからも毎日のようにお寺に来られましたが、ある日、ご主人の様子が明らかに変わられました。それは変貌と言ってもよいほどです。と申しますのも、ご主人の髪型が急に変わってしまったのです。右半分を剃って坊主頭にされる一方、左半分は今まで通りの髪型。ひょっとしてこういうファッションなのかもしれないと思いましたが、よく見ると、左の眉毛も剃っておられました。驚くほどの変わりように動揺しましたが、私はこれには触れず、いつものようにご祈禱をさせていただきました。

ご祈禱が終わると、ご主人が、私の家にご祈禱に来て欲しい、と言われます。私が理由をお聞きすると、家の中に何かがいるとおっしゃるのです。

私は次の日、ご主人の自宅を訪れました。家は、二階建ての一軒家で、外から見る限りは何ら変わったところはありません。

玄関に入ると、左手に靴箱があります。ふと見ると、靴箱の上の鏡にひびが入って割れていました。

「こんにちは」

大きな声で私が挨拶すると、暗がりの廊下からご主人が出てこられました。その姿は、疲れ切ったご様子で、言い方は悪いかもしれませんが、怪奇映画にでも出てきそうなお姿で、ゆっくりと小さな声でこうおっしゃいます。

「ご住職、わざわざすみません。上がっていただき、勝手に家の中を見てください」

私は二階から拝見することにしました。階段を上がってすぐに部屋があります。中にはベッドが置かれていましたので、寝室なのでしょう。その寝室に、奥様がお使いなのか、化粧台と大きな鏡がありました。しかし、この鏡も、玄関の靴箱の鏡同様に、ひび割れていました。

私は一階に降りて、今度は台所を見せていただきました。そこにある鏡も、やはり割れていました。

ここまで拝見して、私は奥様がおられないことに気が付きました。

「そう言えば、奥さんがおられませんが、今日はどこかにお出掛けですか」

するとご主人は、私のお寺でご祈禱をした直後に出て行った、とおっしゃるのです。

壮絶な夫婦げんかによって、家中の鏡が割れているのかとも想像しましたが、その割には他の家具などが壊れた様子がありません。

奥様と何があったのかお聞きしようとすると、ご主人は急に声を荒げました。

「早くあいつを追い出してくれ！」

「あいつとは誰のことですか」

そう尋ねますと、ご主人は私をお風呂場に案内されました。

お風呂場にある鏡の中に、あいつはいるんだ。お話を詳しくお聞きしますと、ご主人がお風呂に入っている最中、何者かが自分を見ているそうなんです。その何者かは、鏡の中にいるらしいのです。鏡を不意に見たとき、鏡の中の自分が一瞬、遅れてこちらを見ると言われるのです。

「鏡の中の何者かは、自分の真似をしている。だから真似できないように、わざと変な髪型にしてみた。すると鏡の中の何者かも真似をしやがった。だから眉毛も片方だけ剃ってみたら、やっぱり真似してくる。俺は何とか正体を突き止めようと、風呂に入りながら、頭を洗っている最中に急に鏡を見たら、やつはよそ見をしていたんだ」

不意を衝かれたその鏡の中の何者かは、ゆっくりと正面を向くと、「見つかったか」と言いながら、思いっきり拳を上げて殴りかかって来た。しかし、その拳は鏡から出てくることはなく「ガシャン」という音と共に、家中の鏡にひびが入って割れた、と。

　その話をしておられるご主人の顔は、怒りに満ちた鬼のようでした。

　私は鏡の中の何者かよりも、ご主人に対して恐怖を感じました。そして、私はお風呂場で、そのまま一心に祈禱をいたしました。

　ご祈禱が終わり振り返ると、ご主人の顔には、少し生気が戻り、顔つきも最初にお会いしたときの優しいものに戻っておられました。

「ご住職、本当にありがとうございました。大分気分が良くなりました」

　頭を深々と下げられました。そして続けてこうおっしゃったのです。

「三木住職がいつもおっしゃるように、本当に呪いって自分に還って来るんですね」

「どういうことですか？」

「いや、実は、私の家内には精神がおかしくなる呪いを掛けましてね。ご祈禱後にその話をすると家内は出て行きました」

　たちの悪い薄笑いを浮かべながらご主人は続けます。

「三木住職が時々怪談イベントをされてますよね。その時に私のことをお話しされてるじゃないですか」

「ご主人の、話を、ですか？」

私には身に覚えがありません。困惑する私を見ながら、前歯のない口をあけて、ご主人はにやりと笑って言われたのです。

「そうですよ。お金を受け取るかわりに彼女になって、モテなさそうな男に髪を切れだの、瘦せろだのと調子に乗ってアドバイスする女の話ですよ。レンタル彼女って言いましたっけ？　あのときの呪いが私に全部還って来たんですよね」

〜一番難しいこと、一番簡単なこと〜

人間にとって、一番簡単なことはなんでしょう。

それは、批判することです。

人を批判したり、出来たものを批判したりすることは、小さな子供にでも出来ます。ですから、なかなかいじめ問題が無くならないのかもしれません。

では、人間にとって、一番難しいことはなんでしょうか。

それは、許すことです。

人に何かされると腹が立って、なかなかその人を許せないということがありますが、その許せないという気持ちが、その本人までをも不幸にしてしまいます。それが分かっても、他人の行為を許すということは往々にして難しいことです。

人に嫌なことをされて、それにとらわれ、腹を立てていますと、相手だけではなく、関係のない周りの人にまで八つ当たりして迷惑を掛けるかもしれません。

怒りは次なる罪を重ねる原因になってしまいます。ですから、いまあなたが誰かを恨んでいるのであれば、勇気を持ってその怒りを捨てなくてはいけません。

とは言うものの、怒り、恨みを捨て去ることは非常に難しいことです。ちょっとやそっとのことではできません。ですからまずは怒りや恨みの本質を知り、すこしずつ捨てていく努力を始めることが大切なのかもしれません。

第四章

巡る

蓮の華を仏教では、高貴な華として尊んでおります。

なぜなら、蓮の華は、泥の中から芽を出します。しかし、その泥に染まることなく、綺麗な華を咲かせます。これと同じように、人間も悪に染まることなく、悟りを開きなさいとの教えがあるわけです。

そしてもう一つ、蓮の華には、他の花と違う不思議なところがあります。

それは、華を咲かすと同時に、たくさんの実も出来るということです。

泥の中に落ちた種が、泥の中から芽を出し、そして華と実を作るのです。

やがて華は枯れて泥の中に還って行きます。

その後、茎に残った実の部分は、枯れて種だけが残ります。最後に茎が枯れて、折れると種のある部分が泥の中に浸かります。すると、新たにその種から、再び芽が出て華が咲くのです。

これは、あたかも私たち命あるものが、輪廻転生をする姿のようです。

輪廻転生は、命の話でありますが、物事の輪廻を因縁因果と言ったりします。

悪事は悪事として我が身に返り、善は善として我が身に巡って来る。私がそう確信するに至った体験談をお話しいたしましょう。

峠

京都には、○○峠という風に、峠と名の付く道が幾つかあります。そんな峠道の一つに、決して赤い乗り物で行ってはならないといわれる峠があります。

理由は、赤い乗り物で峠を越えようとすると、事故を起こすというのです。実際、私もこの峠道で、赤いバイクや車が事故を起こしているのを幾度か見かけたことがあります。

これは単なる偶然でしょうか。あるいは、この峠に赤い乗り物で来てしまったことに気付き、事故が起きると思い込んでしまって、かえって運転を誤ることもあるのかもしれません。ふと思ってしまったことに、結果として囚われてしまう心理的な原因も考えられるかもしれません。

今からお話しするのは、二十年以上前に、京都のある峠道で起こった凄惨で不可解な事件です。

「本当に久しぶり、元気だった?」

そう声を掛けてこられたのは、私の高校時代の恩師です。大学を卒業して、教師として最初に教えたのが私のいるクラスでしたので、先生も私たちもお互いをよく覚えています。ただ、久しぶりの再会は高校時代の思い出話をするためのものではありませんでした。

あいさつもそこそこに、早速話を聞いて欲しいと、先生は真剣に話し始めました。私は、高校時代の恩師から相談されるという、すこし面はゆい感じを受けましたが、そのお話が進むにつれて、そんな思いなど完全に消えてしまうことになります。

この日、先生は、友人であるお二人と一緒に来られました。そして、こう話し始められたのです。

「三木君、覚えてるかな。私の空白の二週間」

空白の二週間――。覚えているどころか、私の方からお聞きしたかったことです。

私が高校生の頃、先生は突然、二週間休まれたことがあったのです。理由は病気ということでしたが、生徒達の間では、警察に逮捕されていたとか、大きな事故を起こして入院していたとか噂がとびかったため、鮮明に記憶しています。

「テレビや新聞に、少し書かれたしね」

先生はまるで他人事のように笑ってから、あの空白の二週間のことを話してくださいました。

とある日曜日。先生は、友人三人と四人で滋賀県に車で遊びに行っておられました。その帰り、午後十一時過ぎ、京都市内に続くある峠にさしかかったそうです。

その峠は、赤い乗り物で通ると事故を起こしやすい。その噂を先生方も当時知っていて、ハンドルを握る友人も、すこしスピードを落とし、後続車を先に行かせたりしたそうです。赤い車と分かると、注意喚起のつもりか、パッシングしてくる車両もあったそうです。そうです、先生方の車は、赤でした。

ゆっくりと慎重に運転をして、峠の折り返し地点ともいうべき頂上に着きました。そこは、大きな駐車場になっており、深夜にもかかわらず、数十台の若者が乗る車や、夜景を楽しむカップルなどがおり、それを目当てにしているらしい、ワゴン車を改造したホットドッグ屋さんまで開いていたそうです。

緊張してゆっくり運転してきた疲れと、休日を惜しむ気持ちもあって、そこでホットドッグを食べて休憩することになりました。

先生は、ホットドッグを買いに、残る友人三人は、駐車場の端に見える公衆トイレに行きました。

ワゴンのホットドッグが焼き上がると同時に、友人二人は戻ってきました。先生方三人は、心地よい夜風に吹かれながら、ホットドッグをほおばって、残る友人を待っていました。

しかし、十五分が過ぎても、もう一人は帰ってきません。ホットドッグもすっかり冷え切ってしまいました。

喧嘩にでも巻き込まれていないかと心配になり、公衆トイレに三人で行ってみました。改めて近くで見ると、木造の古びたトイレは不気味さを感じさせるに十分だったそうです。

男女の区別はなく、個室に分かれたトイレが、入り口から奥に向かって三つあります。手前の二つに、友人二人が入ったので、残る一番奥に、その友人が入っているはずです。

ノックをしながら大声で友人の名前を呼びますが、何の返答もありません。扉を開けようとしましたが、鍵が掛かっているのか、開きません。扉の下には隙間がありませんが、上には隙間があるので、扉の上に手を掛けて覗こうとしましたが、天井に頭が当たり、うまく出来ませんでした。

そうこうしているうちに、彼がトイレに入ってから、三十分以上が過ぎました。さすがになにかあったのではないか。まだ携帯電話が普及していない時代、駐車場のトイレとは逆の端にあった公衆電話から、警察に連絡を入れました。

十分も経たずに、峠の駐車場に数台のパトカーが、それに続く形で救急車も来ました。まだ駐車場にいた若者達も、何事かと集まってきています。

事情を警官に伝えると、野次馬を牽制しながら、二人の警官がトイレへと入っていきました。

「ウワー!」

程なくして、二人の警官の大声があたりに響き渡りました。

出てきた二人の警官は、すぐにどこかに連絡を取っています。肝心の友人の行方は全く聞かされず、訳も分からないまま、先生と残った友人二人は、その後到着したパトカーに、別々に乗せられ、その峠から市内の警察署へと連れて行かれたのでした。

警察に着いた先生は、取調室のような場所で、今日一日の出来事を事細かく聞かれたそうです。話し終わるとまた、一からその日の話を何度も繰り返し聞かれたそうです。友人の服装から、髪の毛の色まで、微に入り細を穿つように。

そして、次の日、ようやくその部屋から出され、大きな部屋へと移されました。そこには、友人二人もいて、どうやら同じ扱いを受けたようでした。

三人は、並んでパイプ椅子に座らされました。そこに、外国人ほどの大柄な、背広を着た刑事らしき人が入ってきました。

「皆さんの容疑は晴れました」

先生方は、何か疑われていたのです。刑事は続けて低い声で言いました。

「気づいておられるかもしれませんが、トイレの中で、友人の方は亡くなっておられました」

何となく覚悟はしていたものの、真相を知らされた時は、大きなショックをうけたそうです。しかし、ここからが本当の恐怖の始まりだったのです。

刑事さんは、事務的な口調で、こう続けました。

「友人の方ね……両方の目玉がね、飛び出して亡くなっておられました」

「え？」

三人は驚きのあまり思わず声を出しました。

「検死によると、脅かしたときなど、急に眼圧が上がって飛び出すことがあるんですよ」

刑事のあくまでも淡々とした口調で、かえって事実を告げているのだと確信できたそうです。

「それとね、恐怖というか、驚いた状態が数分間続くと、同時に髪が脱色して白髪になるんですよ。亡くなった友達の方、白髪になってました。あとね……」

「ちょ、ちょっと待って下さい……」

あまりにも衝撃的な状況に理解できず話を止めようとする先生方を、刑事は無視して話を続けます。

「あとね、胸の所で両腕をクロスして――寒いときにするような両腕でバッテンしたポーズね――それで両肩を掻きむしってたんですよ。だから両肩の部分のTシャツは破れていて、両肩は血だらけでした。それと両指の爪は全部剝がれていました」

刑事はそこまで話すと、「何ででしょうかね」と、先生方に聞いているのか、独り言なのかも分からないほど小さく、溜息交じりにつぶやいたそうです。

最初、先生方は完全に疑われていました。しかし、目撃者や現場の状況からいって、無実と確認されたようです。

その後、亡くなった友人の納骨も終わり、毎年三人で、命日には友人のご実家に仏壇に手を合わせに通いました。

友人の七回忌法要の日。亡くなった友人のご両親が、「六年間も本当にありがとう」と、そして後の供養は家族だけでしていくので心配しないで欲しい、とおっしゃったそうです。その頃には、先生も結婚し、子供もいたので、その辺を気遣ってくださったのでしょう。

それから十数年間、先生方三人は、互いに連絡も取らなくなって疎遠になってしまっていたそうです。

そんなある日、先生が深夜寝ていると、耳元で「ワッ！」という声がして、びっくりして起き上がると、そこには誰もいない。気のせいかなと思った時、自分の両腕が胸元でクロスしているのに気がついた。その瞬間、当時の友人の顔が思い出されたそうです。

明くる朝、久しぶりに他の二人に連絡を取ってみたところ、驚くべきことに同じ経験を二人もしていたのです。

ただごとではない偶然を感じて、三人は亡くなった友人のご家族を久しぶりに訪れ、仏壇にお参りをしたそうです。その上で、さらにもう一度お経を挙げて欲しいと、私のもとへ三人でお越しになったのでした。

読経をし終わって、お茶を飲みながらまた先生方とお話をしていると、三人に共通することが分かりました。それは、三人とも、ちょうど車を買い換えるところだったこと、しかも、三人とも選んだ車の色というのが……。

「それを知らせに来てくれたのか」

偶然だ、因果関係などないと言うのは簡単です。しかし、先生たち三人にとっては、それは友人からの有り難い〝忠告〟でした。三人は予定していた赤色の車をやめ、別の色の車を買うことにしたそうです。

ペット霊園

「会社がおかしいんです」

スーツ姿の男性は、お二人ともそう言われました。

一人は、今年、大学を卒業し、勤め始めたばかりの若い男性、槻木さん。もう一人の男性は、入社九年目になられる、三十代前半の方で、高橋さんとおっしゃいます。

先に話し始められたのは、先輩に当たる高橋さんでした。お話によりますと、お二人は、某企業が出資して出来たペット霊園の会社で働かれておられるそうです。

しかし、ある時期を境に、おかしなことが起こり始めたというのです。高橋さんは、秘密を打ち明けるように、意を決した様子で話し始めました。

「本当にちゃんと納骨をして下さったんですか！」

始まりは納骨を済まされたばかりの老夫婦からの苦情の電話でした。その老夫婦の話では、毎晩、夢に飼っていた犬が出てきて、森の中の一本の木に括り付けられて、クンクンと鳴き叫ぶ姿を見るとのことでした。

しかし、この老夫婦にお立ち会いいただいた上で、納骨は済ませていましたし、その時に霊園お抱えのお坊さんにもお経を挙げてもらいましたので、こちらに非はありません。丁寧にそうお伝えし、電話を切りました。

ところが、その日を境に連日、これと同じ内容の電話が、ひっきりなしに掛かってくるようになったのです。

私は、何か大変なことが起こっているのではないかと感じましたが、何をしていいのかわかりませんでした。そんな時、この槻木君が、入社してきました。最初の数ヶ月は、営業のため、外に出てばかりいたのですが、ちょうど苦情が増えてきた頃から、納骨法要などを手伝うようになっていたのです。

そこまで言うと、高橋さんは、目線を槻木さんの方に向けました。

「実は……」そう前置きしつつ、すこし間をとってから槻木さんは話し始めました。

ある日、納骨法要に立ち会った時のことです。そのお坊さんの読むお経は、たどたどしく、おまけに間違いだらけ。本物のお坊さんなのか疑わしいレベルだったのです。私の祖父はお寺の住職で、私もお経をすこし読めたことが幸いしました。そこでお坊さんを問い詰めたんです。最初こそ白を切っていましたが、私が仏教に詳しいことを知るや、すぐに白状しました。彼はなんとアルバイトの学生だったのです。霊園のアルバイト募集の広告を見て応募したところ、すぐに採用になり、各宗派のお経をそれぞれ読めるように練習して、お坊さんになりすまし、法要をするように言われた、というのです。

アルバイトの学生は命じられるままにやったこと、早速当霊園の社長を問い詰めたところ、「それがどうした」と言わんばかりに開き直り、あまつさえ他言したらクビだ、と脅かしてきたんです。

どうしたものかと考えていたところに、相次いで不可解なことが起こり始めました。

数人の社員が、体調が悪いと言って、来なくなったのです。ある社員は、夜、寝床に入ると、犬や猫の鳴き声が耳元でして全く眠れない。またある社員は、部屋中に動物の臭いが充満していて、そこら中に、動物の毛が散乱しており、気味が悪くなった。いずれも動物の影に怯えていました。体調不良を訴える社員は後を絶たず、辞表を出す者まで現れました。

そしてとうとう、社長も体調が優れないと休むようになったのです。一緒に働く社長の甥に聞いてみたところ、その理由は驚くべきものでした。

その朝、社長が起きると、一瞬腕に鋭い痛みを感じたというのです。見てみると、そこには何かに引っ掻かれたような傷がある。痛みは一瞬だけだったので、その日は放っておいたそうですが、次の日の朝には、なんと体中にひっかき傷が。それでも不思議と痛みがないので、そのままにしていたら、翌日の朝、今度は手足を何かに噛まれたような歯形が付いていて、その日の昼頃には、全身が腫れだし、高熱が出て倒れてしまったのです。社長は現在入院中で、会社は休業状態になってしまっています。

お二人のお話は、なかなか信じがたいもので、失礼を承知で申せば、三流ホラー映画にありがちな設定でした。しかし、私がお二人の話を信じたのは、お話のされ方が明らかに恐怖に怯えたご様子だったからです。

後日、体調が優れない社長さんと社員の皆さんがそろって参列して、ペット霊園で供養祭を行いました。そして、アルバイトの学生お坊さんには辞めてもらい、正式に出家しているお坊さんに来てもらうように、手配もしました。

それ以来、霊園では不可解なことはなくなり、社長さんの体調も回復したとのことです。

私も以前、ペットに犬を飼っていたことがあります。この犬は、大変忠実で、幾度となく私たち家族を癒やしてくれました。ペットといっても、家族同然で、犬が死んだときには、大変悲しい思いをしました。おそらく、犬の方も、そう思っていてくれたように思います。

このペット霊園にいたペットたちも、今まで一緒に暮らしてきた家族が騙されているのを可愛そうに思い、それを知らせるためにこれらのことを起こしたのかもしれません。

人間だけではなく、ペットの動物たちも、人間同様に、きちんと供養をしてあげなくてはいけない。そう教えられた出来事でした。

シェアハウス

最近の若者は、人付き合いが下手だ、とか、人間関係から逃げる傾向にある、などという方がおられます。しかし、案外そんなことはないと私は思います。

なぜならば、シェアハウスという家賃の安い、共同生活型の賃貸物件が流行っていて、これなど煩わしいはずの人付き合いを避けては通れないと、私には思えるからです。

家賃が安いからという理由ももちろんあるのでしょうが、ここに住む人は、何も学生ばかりではありません。就職をして、そこそこの収入があっても、あえてシェアハウスに住んでいる人が増えてきているのです。

さて今回は、そんなシェアハウスにまつわる不可思議な事件をご紹介しましょう。

ある日、某不動産屋さんが、二人の方を連れてお寺に来られました。お一人は、シェアハウスを経営されている大家さん。もう一人は、京都の大学に通う女子学生さんでした。

「その後、お姉さんはどうですか」

と聞くと、明るい笑顔で、

「はい、順調です。今日は道が混んでいて、少し遅れてくるようなので、少し待っていただいていいですか」

もちろん、と私は頷き、ほどなくして、「遅れてすみません」とお姉さん夫婦が来られました。

この方達と、私のつながりは、半年以上前に遡ります。

不動産屋さんから、かなり夜も遅い時間にお電話をいただきました。

「今すぐ○○にある神社の前まで来ていただけませんか。大急ぎでお願いします」

私は何がなにやら分かりませんでしたが、のっぴきならない声音を聞き、とりあえず駆けつけることにしました。いざ着いてみると、神社の前には数台のパトカーが止まっています。

「大雲先生〜こっち、こっち！」

不動産屋さんに手を引っ張られて連れて来られたのは、神社の横の路地を入った場所にある一軒家の前でした。驚くことに、警察官が忙しなく出入りされているではないですか。

「一体なにがあったのですか」という私の質問には答えず、「どうぞ入って下さい」と建物の中に連れて行かれたのです。

その家は、いわゆるウナギの寝床と称される、奥に長い間取りになった古民家でした。最も奥の突き当たりの部屋の前で、「それでは、私たちはこれで引き上げます」という警察官の声が聞こえました。

「どうもすみませんでした」

深々と申し訳なさそうに頭を下げているのは、このとき初めてお会いした、女子学生さんと大家さんでした。

さて、私はなぜここに呼ばれたのでしょうか。その理由について、さらに時間を遡ってご説明したいと思います。

この古民家は、表の構えこそ古びていますが、家の中は改装されて、シェアハウスになっていました。玄関に入ってすぐ横には二階へと続く階段があり、二階に上がると共同で使う台所とトイレ、お風呂があります。一階は、中央に長い廊下。その廊下を挟んで、左右には、各三室の部屋のドアが向かい合っております。すなわち、計六部屋があることになります。

しかし、このシェアハウスで入居者がいるのは五部屋で、向かって左の一番奥の部屋は、貸し出しされておらず、〝開かずの間〟とされておりました。ですから、このシェアハウスの住人は、女性五名ということになります。

この建物の玄関から向かって左側の二部屋目、すなわち、開かずの間の手前に、後にお寺にお参りに来た女子大生が住んでいました。

彼女がこの部屋に暮らし始めてから、二ヶ月ほどが経っていました。暮らしは快適で、他の同居人とも、楽しく生活していました。しかし、ただ一つだけ、不満なことがあったのです。それは、隣の部屋に暮らす彼女の大学の先輩のいびきでした。

田舎育ちで、夜は虫の鳴き声に包まれて眠る、そんな静かな環境で生活をしていた彼女にとって、隣から聞こえてくる騒音は、かなりのストレスでした。

耳栓もしてみたのですが、かえって耳に異物を入れた違和感が気になってしまい、眠るどころではありません。だからといって、先輩にいびきを直して下さいとも言えず、この二ヶ月近くを過ごしていたのです。

しかし、ある日、とうとう寝不足で授業に遅刻してしまいます。このままではいけないと思案して、隣の開かずの間に部屋を変えて欲しいと大家さんと交渉することにしました。

大家さんは、「あの部屋は駄目」と取り付く島もなく断りましたが、粘り強く交渉した結果、条件付きでオーケーが出たのです。

その条件とは、その部屋にあるクローゼットは絶対に使用しない、というものでした。この部屋には、もともと押し入れがあったと思われる場所を改装した、洋風の扉のクローゼットがあったのです。

この条件の理由を大家さんは、他の部屋にはクローゼットがないので、同じ家賃では不公平になる、だからあえて開かずの間にしていたのだ、と説明したそうです。もっとも現在の家賃に少し足せば、クローゼットも使えるということかもしれないが、そのためには、今住んでいる人達と協議し、誰が借りるかを話し合う必要があり、そこまで大げさにしたくはない彼女は、大家さんの条件に従いました。

そして、他の住人には、大家さんから、彼女の部屋の床板が痛んできたので、一番奥の部屋に引っ越ししてもらいます、との説明がなされたそうです。

そうまでして、やっと手に入れた静かな環境での睡眠。彼女はそう思っていました。

しかし、どういう訳か、夜になると、聞こえてくるのです。

「シュー、シュー」

先輩の部屋との間に一部屋分の空間があるからか、今までのいびきとは聞こえ方が違い、空気が抜けるような音がします。とはいえ、これまでよりは遥かに音が小さくなったのは間違いなく、彼女は喜んでいました。

二日目の夜、布団に入った彼女の耳に、またしても小さな音が聞こえてきました。

「アー、アー、アー」

昨晩とはすこし違い、いびきというより、子猫の鳴き声の様だったそうです。

いびきは、その日の体調によって変わるのだろうか……。そんなことを考えながら、どのくらいの時間が経過したのか、ふと、音が変化したのに気付きました。明らかに音が大きくなっている。まるで隣の部屋から聞こえてくるようだ。そう感じたそうです。あまりの変化に恐怖を覚えましたが、気になった彼女は音の出所を突き止めようと、起き上がり、耳を澄ましました。すると、その音は、部屋の中のクローゼットから聞こえてくるのです。

外の音が反響してそう聞こえているのだろうか。いや違う、明らかにクローゼットの中に、何かがいる。そう彼女は確信しました。そして、大家さんとの約束を破り、そのクローゼットをおそるおそる開けてしまったのです。

「キャアアーーー!!」

シェアハウス全体に響き渡る彼女の絶叫に、驚いて起きた住民たちが「どうしたの?」と心配して彼女の部屋へと駆けつけてきました。他の住人の姿を見るや、彼女は、「すぐに警察をよんで!!」と大声で訴え、パトカーが出動する騒ぎになった、というのがこの夜の顚末でした。

彼女は、ハッキリと見たというのです。駆けつけてきた警察官にも、「絶対いました。間違いないんです。探してください」と何度も何度も訴えたそうです。

しかし、結局は何も見つからなかったので、最後には謝罪することとなったわけです。私が到着したのはそんな時でした。

警察の方々が帰られた後、私は怯える住人たちとともに、二階でお話を聞くことにしました。クローゼットの中に、何を見たのですか、と。

すると彼女は、怯えながらもハッキリとした声で言い切りました。

「ネクタイで首を吊られた赤ちゃんが、ぶら下がっていました」

嘘ではない、見間違いでもない。彼女は確かに、見たのでしょう。

「大家さん、何か心当たりはありませんか」

私が問いかけると、大家さんは大きく息をついて、まず住人全員に頭を下げました。そして、そのままの状態で、

「この家をシェアハウスに改装したのは、ある事件の後でした」

と言うと、頭を上げました。苦しそうな表情でした。

「この家は以前、生まれたばかりの赤ちゃんを連れた夫婦に貸していましたが、この夫婦の奥さんが育児ノイローゼになってしまったのです。泣き止まない、思いどおりにいかない、言うことを聞いてくれない赤ちゃんを前に、精神に異常をきたした奥さんは、赤ちゃんの首にネクタイを括り付けて、あのクローゼットのハンガー掛けから吊るして殺してしまったのです」

聞いていた住人は一様に顔を見合わせ、驚き、そして背筋を凍らせていた様子で

した。そんな惨劇がおきた家に同居していたとは夢にも思っていなかったでしょう。

　私は彼女たちを促し、一階のその部屋のクローゼットに向かって、みんなでお経を上げるしかありませんでした。

　数日後、その家の賃貸管理を任されていた不動産屋さんと、大家さん、女子学生さんがお寺に来られました。そして、そのシェアハウスは、閉鎖されたと報告を受けました。

　その時に、彼女が、思いがけないことを言ったのです。

「私には、結婚した姉がいます。その姉夫婦は、子供が授からず悩んでいます。今回の事件を話したら、生まれ変わって、私たち夫婦の元に来て欲しいと言っています。どうかそのようにお経を上げてくれませんか」

「子宝は、絶対の約束は出来ませんが、ともに祈ってみましょう」

　こうした祈りはそうあるものではありませんが、数ケ月にわたり、供養を行いました。

　そして、先日、お寺にお姉さん夫婦と共に、赤ちゃんを授かった報告に来てくれたのです。あのときの赤ちゃんかどうかはもちろん分かりません。ただ、もしそうであったのであれば、今度こそ幸せな人生を歩んで欲しいと祈っています。

「案外、私たちの職業には霊を見たという人が多いんです。ただね、弁護士が見たとなると信用性に欠けるなどと言われて仕事に差し支えますので、誰も話したがらないんです」

そう言って苦笑いされるのは、安田弁護士です。

安田弁護士とは、私のお寺に寄せられるお悩みの中から、法的処置が必要になった場合に、いつも相談させていただいている弁護士さんです。

一般的に、社会的に地位の高い職業の方が、科学的に証明されていないことを語ると、何かとリスクがあるようです。

「そうですか。では、安田先生は、不思議な体験をしたり、霊を見たりされたことがあるのですか」私は冗談のつもりでお聞きしました。

「私ですか。そうですね……」

安田弁護士は、普段は非常に早口で、理詰めで話されるイメージがあり、私の質問に対しても、卓球の試合でもするようにすぐに答えを返されます。

しかし、この質問に対しては、口ごもったまま、数十秒が過ぎました。

「安田先生、どうかされましたか？」

私が再び声を掛けると、体に電気が走ったかのように驚かれて、

「……そうですね。三木住職にならお話をしても大丈夫ですよね」

もちろん、是非お聞かせ下さい、と私は答えました。安田弁護士がゆっくりと話し始めた、科学では説明のつかない出来事とは……。


あれはまだ私が独立する前で、大きな弁護士事務所に勤めていた頃です。

その弁護士事務所では、国選弁護人の仕事があり、私はその一つの仕事を先輩弁護士とともに引き受けていました。

国選弁護人とは、刑事事件にあたって、弁護士を頼めるお金がない場合、国が選出した弁護士を税金で付けるというものです。しかし、弁護士側から見れば、ボランティア同然でしたので、社会貢献のための活動と割り切っている方は多いと思います。

私が手伝った国選弁護人の仕事は、ある詐欺事件でした。その詐欺事件の被告人、仮にAとしましょうか、すなわち犯人の弁護を受け持ったわけです。

あまり詳しくは話せませんが、被害者は大学を卒業後、大手一流企業に就職した

人物——仮に山本さんとしましょう——で、Aが山本さんにボランティア活動を支援しないかと持ちかけ、大金を奪ったという事件です。

山本さんははじめ、数万円をAに渡しました。すると、一度払うと五年間は毎月払い続けないといけない制度だなどとAに言われ、本当に毎月数万円ずつ払っていました。さらに、数ヶ月が過ぎると、毎月の支払額が増えたと山本さんを半ば脅迫するように払わせていました。

この事件が明るみに出たのは、山本さんが、金銭の支払いが苦しくなり、自殺未遂をしたことで、山本さんのご両親が事情を知り、警察に被害を訴えたからでした。

法廷では、Aは騙された山本さんにも非があると主張しました。「山本さんに脅迫じみたことはしていない」、「山本さんが支払いを強く拒否していれば、その先の支払いは受け取らなかった。むしろ山本さんが自分にお金を払ってきた」、「山本さんが払いたくないと言えばそこで終わっていた」。

そして、お金の行き先に関しても、「山本さんには、〝一部〟を慈善団体に寄付するとは言ったが、全額寄付するとは言っていない。受け取ったお金の一部、数円は間違いなくコンビニレジ横の寄付を集めるボックスに入れた。だから山本さんとの約束に違反はしていない」などと、恥ずかしげもなく主張したわけです。

私は彼が本当にそう思っているのならば、その間違いに気づかせなくてはいけないと思いましたが、そんなことはありませんでした。Aは、そう言えば罪を逃れることが出来ると考え、滅茶苦茶な言い分であることは承知の上でそんなことを主張していたんです。時には、「精神状態が不安定なふりをした方が有利ですかね」などとうそぶく始末。私はAに対して、「法廷でも詐欺をするのか」と怒りをぶつけたこともありました。

しかし、私の先輩は、Aが主張したいことを我々は出来るだけ弁護し、彼の人権を守る義務があると、法廷では被害者の山本さんを非難する内容すら主張しました。相手に強く言われるのが苦手なのでしょう、山本さんは時折、「私が悪かったです」と突然言いかけて、向こうの弁護士があわてて止めに入る場面もありました。傍聴席にいる山本さんのご両親も、思わず「お前が悪いわけじゃないんだ！」と声を出し、裁判官から注意を受ける場面もありました。

その都度、Aはクスクスと笑い声を抑えるように笑っているのが分かりました。

そんな法廷でのやりとりが三回ほど続いたある日、検察から一本の電話がかかってきました。その内容に反して、実に淡々とした調子でした。

「国選弁護の詐欺事件の案件で、被害者山本さんですが、今朝、遺体で発見されました。部屋からは遺書なども見つかり、自殺でほぼ間違いないということです。一応、検死結果を待たないと分かりませんが。しかし、本件については、被害者不在のまま進めますので、よろしくお願いします」

用件のみで電話は切られました。

私は大きな罪悪感に襲われました。もちろん、法的には何ら責任はありません。しかし、Aの弁護を通じて、山本さんを追い詰めたのではないか……大変辛く、居たたまれない思いでした。

後日、検死の結果、間違いなく自殺であることが確認され、葬儀が行われました。私は先輩弁護士とともに葬儀に参列しました。そして帰り際、山本さんのご両親から、「裁判では必ず息子に非がないことを証明してみせます」と言われました。

このことをAに伝えると、

「やっぱり弱肉強食なんですよ。弱い人間は死ねばいい」

そう吐き捨て、自分の罪はこれで軽くなるのかとまで言い出しました。私はただ目の前の男をにらみつけるより他ありませんでした。

次の法廷では、山本さんがお亡くなりになった事実が検察から告げられ、被害者不在で裁判は進められました。傍聴席にはご両親が座られていました。

一般的に、被害者が不在の場合、被害者側が不利になることがあります。この案件でも、山本さん側が不利になるのではないかと心配していました。なにか、新しい証拠が出てこない限りは。

被告側の弁護人をしながら、複雑な気持ちを抱えていたわけですが、私の予想は間違っていました。なんと、意外な証拠が次々と提出されたのです。

まず、被告人と山本さんが話している動画と、その会話の内容が明らかにされました。さらに、山本さんがAに恐喝され、まさにお金を渡している場面と思われる音声も出てきたのです。

私たち弁護士には、開廷前に証拠を開示させ、こちら側に不利なものや不要な証拠などを不同意として法廷に持ち込ませない、という方法が認められていますが、先輩弁護士は、それをしなかったようです。

「あの動画や音声がもっと早く見つかっていれば、山本さんも元気でいられたのに残念だ。それに、あんなに重大な証拠を、裁判に勝つために不同意をするほど私は腐っていない」

冷静に見えた先輩弁護士も、あの人道を外れたAへ怒りを募らせていたのです。

ただ、気になることはありました。山本さん存命中に提示されなかったあの動画や音声は、今になって一体どこから見つかったのか。職業柄、この点を確認すると、意外な答えが返ってきたんです。

葬儀が終わった夜に、ご両親の夢の中に息子さんが出てこられたそうです。息子さんは、泣きながら何度も何度も「ごめんなさい。ごめんなさい」と謝っていたそ

「お前は何も悪いことをしていない。息子のことが不憫でならず、四十九日までご両親は「お前は何も悪いことをしていない。大丈夫だ、大丈夫」と御霊前に言い続けました。

すると四十九日法要を終えたその日の夜、再び夢に出てこられた息子さんに、ある車のナンバーと、住所を教えられたというのです。そして、車に付いているドライブレコーダーを指差していた、と。

不思議に思いながら、あの子が何かを伝えようとしていると、ご両親が、その住所まで行くと、果たしてナンバーの一致する車があり、その車にドライブレコーダーも取り付けてあるではありませんか。

そこで持ち主に事情を説明して見せてもらうと、その車は以前に事故を起こしており、事故時の動画しか古い物は残っていないはずだとのこと。それでも良いので見せて欲しいと懇願して、なんとか確認させてもらうと、そこには事故の瞬間と、道路の歩道で胸ぐらを摑まれている山本さんの姿がはっきりと映っていたのです。しかも、音声もしっかりと録音されていて、事故に慌てる車の持ち主の声とは別に、歩道で「警察が来たら鬱陶しいから、早く金を出せ」と恫喝するAの声がはっきりと残っていたのです。

そして、更に不思議なことには、山本さんの携帯電話から、二人のやりとりの音声が出てきたのです。これも、ご両親が見た夢の中で、携帯電話を調べるようにと息子さんから指示があったそうです。生前、ご両親に山本さんは、「Aとの会話を録音でもしておけば良かった」としきりに後悔されておられたとのことでしたから、会話の音声は残されていないとご両親も思っていました。しかし、夢の中の山本さんは、音声が携帯にあることを示したというのです。

そして、不思議なことは更に続きます。私の夢にまで山本さんは出てこられました。そして、ニコニコと微笑みながらこうおっしゃってくださいました。

「私は弱い人間でした。それでたくさんの方に迷惑を掛けてしまいました。すべて私のせいです。ですから、安田さんには責任はありません。争うことの苦手な私のような人間のために、これからも頑張ってください」

冷静沈着で優秀とお見うけしていた安田弁護士でも、正義とはなにかと迷われることもあり、それでも弁護士を続けておられるのは、お亡くなりになられた方からの励ましのお陰なのだと初めて知りました。

山本さんは、本当に弱い人間だったのでしょうか。私は少し違うように思います。ボランティアのためにお金を出そうとしたのも、心根の優しい方だったからに違いありません。人と争うことが苦手で、平和が好きだったのだと思います。それを弱いとは言い切れないのではないでしょうか。

安田弁護士は、最後にこんなことを教えてくださいました。

「被告人は、懲役刑となり、刑務所に入りましたが、それまでの横柄な態度とは一転、ひどく精神状態が不安定になったようです。夢を見ることが怖くて眠れず、寝不足になっているらしい。看守にはこうこぼしているそうです。『毎日のようにあいつが夢に出てくるんだ。正直に生きろって恐ろしい形相でずっと睨みつけてくる』と。因果応報ですね」

〜果報は寝て待て〜

「善いことをしたのに悪いことが続いたり、悪いことをしたのにむしろ善いことが起きたりします。これは仏教的には間違っているのではありませんか」

このようなご質問をいただくことがあります。いくら善行を積んでも評価されないし、悪事を働いているのにお咎めなしの人がいる、これは不公平ではないか――。お気持ちはよくわかりますが、仏教が説く世界の真理では、これであっているのです。

例えば、銀行強盗をした犯人は、結果としてお金持ちになります。しかし、それはあるひとつの、暫定的な結果でしかありません。その先に、その行動に応じた報いが必ず来ます。この犯人はいつも逮捕されるのではないかという恐怖にさらされ、片時も気が休まるときがないでしょう。当然、逮捕されれば禁固刑になったりと、必ずその報いが来ます。

善いことをした直後に不幸に合うということもあるでしょう。ですが、必ずその報いは来ます。もしかしたら、忘れた頃に来ることもあるかもしれません。もとより、それがいつになるかを知るなど人智を超えたこと。善いことをして、果報は寝て待つくらいが良いのではないでしょうか。

さらに言えば、今世で生きている間に報いが還って来ず、来世になってやって来ることもありえます。悪事をなして逃げおおせることもできないのです。

因果応報。この理屈に従えば、悪いことは決してしない方が身のためですね。

第五章

禁戒

「夜に爪を切ると、親の死に目に会えない」「深夜、鏡に向かって大声を出してはならない」「合わせ鏡をすると、霊界と繋がるからしてはならない」……これらは昔から止めた方がよいとされております。いずれにも科学的根拠は見出しづらいのですが、これはなぜなのでしょうか。

たとえば、夜に爪を切ることは、手元が暗いので怪我をすると危ないという警告ではないかと一説では言われております。また、深夜に鏡に向かって大声を出してはいけないとは、単に、近所迷惑だからということなのかもしれません。合わせ鏡は……納得のいく科学的な説明は寡聞にして存じませんが、以前、こんなことを聞きました。

あるレストランチェーンでは、閉店後、トイレの清掃をする社員が頻繁に「幽霊を見た」と訴え、本社に改善を要求するに至ったそうです。事態を重く見た本社は、隅々まで店舗の調査を行いましたが、これといった問題は発見できませんでした。唯一、指摘されたのは、トイレの鏡が向かい合わせになっており、いわば合わせ鏡の状態になっていることでした。本社はトイレの鏡の位置を移動する工事を断行し、内装デザインも変更しました。不思議なことに、幽霊を見たと訴える社員はいなくなったそうです。

最後は、日常のすぐそばにある不思議の入口を覗いた方々のお話です。

こけしお母さん

その女の子の名前は、優子ちゃんといいます。

優子ちゃんは両親の顔を知りません。物心ついた頃には、祖母と二人暮らしでした。その祖母も、小学校に上がると同時に亡くなってしまいました。まだ孤独という言葉の意味もよく分からないほど幼い優子ちゃんにとって、身寄りのない寂しさたるやいかほどだったか、想像すら出来ません。

その後、優子ちゃんは、ある施設で暮らすことになったのです。そこには、今までの孤独を忘れさせるほどの出会いが待っていました。

この施設には、優子ちゃんと同じく、両親の顔すら知らない子供が他にもいました。その中でも、同じ部屋に暮らす、紗代ちゃんとは、年齢が同じで、施設に来た時期も近く、境遇も似ていたことから、とても気の合う友達になれたのです。

施設から学校に通う時も、宿題をやる時も、ご飯を食べる時も、お風呂に入る時も、いつも一緒でした。そして紗代ちゃんには、彼女が「お母さん」と呼んでいる「こけし」がいつも傍らにいました。紗代ちゃんは、母のいない孤独をこのこけしで、紛らわしていたのでしょう。そして、優子ちゃんもまた、このこけしをお母さんと呼ぶようになりました。施設の先生からは、二人は「こけし母さんの双子の姉妹」と言われるほどでした。

そんな仲の良い二人に、別れは突然訪れたのです。

二人が小学五年生の冬。あと二日ほどで冬休みです。その日は朝からとても寒い日でした。

この数日前から、優子ちゃんは風邪を引いて学校を休んでいたのですが、もう熱も下がり、体調もだいぶ回復していました。学校に行けそうでしたが、この日も大事を取ってお休みすることにしました。施設の先生が、冬休みになったら近くの温泉に二人を連れて行ってあげると約束してくれていたからです。

この温泉旅行を、紗代ちゃんもとても楽しみにしていたので、「優子ちゃん、もう一日だけ休んで元気になって、そしたら冬休みだよ」と言ってくれました。

「うん、ありがとう。そうするね」

「じゃあ、優子ちゃん、こけしお母さん、行ってきます。バイバイ!」

ニッコリと笑った紗代ちゃんの顔を見たのは、この時が最後になってしまいました。

優子ちゃんは、紗代ちゃんの帰りを楽しみに待っていました。温泉に行けることが決まってから、何を持って行こうか、温泉で何をしようか、二人で話し合っていたので、持って行く物をノートにまとめて、紗代ちゃんに見せたかったのです。

しかし、紗代ちゃんは、帰って来ることはありませんでした。下校時に、信号を無視した車にはねられ、亡くなってしまったのです。

施設の先生から、紗代ちゃんの死亡を聞かされたときのことは、全く覚えていないそうです。再び優子ちゃんに襲ってきた、あまりに強烈で突然の孤独、そして喪失感が、この時のつらい記憶を曖昧にしてくれたのかもしれません。

優子ちゃんと私が知り合ったのは、その痛ましい事故から十数年後のことでした。先に述べた内容は、この時に聞いたものです。

優子ちゃんはもう二十歳を超え、もうすぐ結婚する予定でした。結婚前に、私に相談したいことがあるとのことでした。

それは、こけしお母さんについてです。彼女は、カバンの中から、小さな古びたこけしを取りだし、唐突にこんなことを訊ねてきました。

「ご住職さん。紗代ちゃんが死んだのは、このこけしのせいですか」

私はビックリしました。これは先ほどのお話に出てきた、二人にとって大事なこけしお母さんのはず。そのせいで紗代ちゃんが死んだとはどういうことなのか。私は彼女がそう思う理由を聞き返しました。すると彼女は、少し震える声で、「違うとは思っているのですが」と前置きをして、一枚のメモを見せてくれました。そこに書かれていたのは「子消し」という文字。

「こけしって、こう書くというのを聞きました。これは子供を消すって意味ですか。だから紗代ちゃんは消えてしまったのですか」

「こけし」の由来については諸説あり、確かなことは分かっておりません。もしかしたら、優子ちゃんの聞いたような意味とする説もあるのかもしれません。

「優子ちゃん、それは違うと思うよ」

そう言って私は、紙に「子化身」と書いて渡しました。すなわち、子供の化身という意味です。このような説があるかどうかは実は分かりませんが、「子供の化身」則ち、身代わりという意味があるのではないかとお答えしたのです。

「では、なぜ紗代ちゃんの代わりになってくれなかったの？」

「紗代ちゃんにとっては、このこけしは『お母さんの化身』で、自分の身代わりではなかったんじゃないかな」

この答えに、優子ちゃんが、納得したのかどうかは分かりません。そもそも答えなどあるのかも分かりません。あとは優子ちゃん自身が考えることです。

数日後、優子ちゃんは、結婚の報告をするために、紗代ちゃんのお墓参りに行ったそうです。その夜、優子ちゃんは、紗代ちゃんの夢を見ました。

その夢は、子供の頃に戻った自分と紗代ちゃんが、行くことの出来なかった温泉に行った夢で、二人で本当に楽しい時間を過ごしたそうです。そして、紗代ちゃんがいなくなってからの辛かった話や、今、結婚しようとしている話など、温泉につかりながら楽しくお話したそうです。

夢の中で紗代ちゃんは、結婚をとても喜んでくれました。そして、最後にこう言ったそうです。

「優子ちゃんにはもう、こけしお母さんはいらないね。だって、今度は、優子ちゃんが本当のお母さんになるんだもんね」

そして、優子ちゃんは夢から覚めました。

昨年の暮れに、再びお寺を訪れた優子ちゃんは、新たな命を授かっていました。そして、それを機に、「こけしお母さん」は、紗代ちゃんのお墓に納められたということです。

「ほんの軽い気持ちで声を掛けただけなんです。好きかどうかなんて気持ちは全くありませんでした。ただの時間潰しだったんです」

髪を茶色に染め、ファッションなのでしょうか、両手の指にたくさんの指輪をした若い男性。その横には、この男性と交際中という、まじめで清潔感のある女性。私に相談事があるとのことで、二人は一緒にいらしたのですが、この男性は、いわゆる「チャラ男」。彼が話す「軽い気持ち」とは、つまり「ナンパ」のことのようです。

「あの日、俺はコーヒーショップで、友達を待ってたんです」

男性は、横に彼女がいるのも気に掛けず話し始めました。

彼は、喫茶店で友人と待ち合わせしていたらしいのですが、友人が急に来られなくなり、暇になったため、近くに座っている若い女性に声を掛けたのです。

「一人で来てるの？　時間ある？」そんな風に声を掛けると、女性は彼を見て、ニッコリ笑いながら、「時間、別にありますよ」と答えました。

彼女は、細身で髪が長く、綺麗な人だったそうです。しかし、どことなく、暗い雰囲気で、神経質そうな人だなと感じたそうです。

どこに住んでいるのか、彼氏はいるのかなど、彼にとってはたわいもない話を数時間したそうです。すべては時間潰し。

夕方になり、空腹感を覚えた彼は、その女性を食事に誘いました。すると、彼女は躊躇することなく了解したそうです。

もっとも、ご飯まではさすがに女性も断るはず、そうしたら他の友人のところに遊びに行こうというのが彼の本音で、一応聞いてみただけだったようですが。

誘った手前、彼は仕方なくその女性とともに、喫茶店を後にしました。

日も傾き、少し薄暗くなった道。二人で近くのファミレスに向かっていると、突然の夕立が二人を襲ってきました。

傘を持っていなかったので、走ってファミレスに向かいました。点滅する青信号を小走りに彼が渡り出すと、その後ろを彼女も追いかけます。

無事に信号を渡りきった彼が、ふと後ろを振り返ると、こちらを見ながら、横断歩道の真ん中に突っ立っている彼女の姿が見えました。こちらを見ながら、手を振っています。もう赤だぞ、そんなところで何しているんだ！という彼の声は、夕立と交差点に高速で突っ込んできたトラックの音にかき消されました。ドンッ、バキバキバキ、ドサッ、という鈍い音と、キーーーーという鉄を鉄で引っ掻いたような音を出す急ブレーキ。横断歩道上にいたはずの彼女の姿は消えていました。

一瞬、何が起こったのか理解できずにいると、「キャーーーー！」と、事故を見ていた人たちの悲鳴があたりに響き渡りました。

なお呆然としていると、遠くからパトカーのサイレンと、次々と集まってくる野次馬たちの喧騒が突然耳に飛び込んできました。急にせり上がってくる強い恐怖と罪悪感。居ても立ってもいられなくなった彼は、無我夢中でその場から走り去ったのだそうです。

次の日、インターネットで、事故の目撃者の記事を目にしました。それによると、事故は凄惨で、被害者は両手両足をトラックに引き千切られていたそうです。彼女は俺に何を伝えたかったのか──。すると交差点の真ん中で手を振る彼女の姿が蘇ってきて、彼は震える手で記事を閉じました。

それから二年以上が過ぎ、今の彼女と知り合い、現在は同棲中。幸せな将来を話し合っていたのですが、いざ結婚を決めた日から、彼女の様子がおかしくなってきたと、見た目とは裏腹に、何かに怯えるように彼は打ち明けます。

私は、隣にご本人がおられるのに失礼かもと躊躇しながらも、「彼女のどこがおかしいのですか」と尋ねました。たとえば……と彼が話し出しましたが、彼女は黙ってそれを聞いています。

深夜、寝ていると、何者かの声で彼は目が覚めたのだそうです。その声の主は、隣で寝ている彼女で、苦しそうな声を出して、うなされていた。怖い夢でも見ているのかと思って、彼女の体を揺すりながら声を掛けると、突然ムクッと上半身を起こして、甲高い声で「私の右手を探して！」と叫び終えるや、バタッと再び寝てしまう。

またある時は、二人で道を歩いていると、前触れもなく地面に顔を近づけて、何かを探し出したので、どうしたのかと聞くと、「ごめん。左手首、落としちゃった。一緒に探して」と言い出す。

黙って聞いている彼女に視線を移すと、

「寝ている時も、路上で探している時も、おかしな言動をしている間の記憶が私には全くないんです……」

と、泣きそうな顔をしています。

二人が出した結論、それは事故にあった女性の影響ではないかというものでした。私には、その事故と交際相手のおかしな言動に繫がりがあるかどうかは分かりませんでしたが、二人とともに、事故で亡くなられた女性の供養をしました。

読経が終わり、二人がお寺を後にされる時、彼は深々と頭を下げ、「何かすっきりした気がします。ありがとうございました」と、お礼を言ってくださいました。

続いて彼女は、こう言ったのです。

「ありがとうございました。これで私も、あちらに行く決心がつきました」

船岡山公園

京都市内に船岡山公園という公園があります。船岡山と言いますが、山というより、小さな丘で、頂上付近が公園になっています。

むかしは、京都の刑場の一つだったという歴史があるためか、心霊スポットとしても有名です。

そんな船岡山で、私が中学生の頃に、大きな事件が起こりました。

それは、一人の警察官が、ある男に拳銃を奪われ、撃ち殺されるという凄惨な事件でした。事件直後は、テレビのニュース速報で、付近の住民は外出を控えるようにという勧告が出たほどです。

無事に犯人も捕まり、事件から数ヶ月が過ぎた頃、友人たちに誘われ、興味本位でその現場に行こうということになりました。

船岡山公園の入り口から頂上までは、緩く長い坂道が続き、道の両脇には雑木林が鬱蒼と茂っています。そのため昼間でも日の光が遮られて、やや暗く感じます。

「行くなら暗くなってからがいい」と友達の誰かが言い出しました。

(おいおい、暗くなったら怖いじゃないか!)

内心はそう思ったものです。ですが、中学生という複雑な年頃にあった私は、「恐がり」と馬鹿にされることの方が怖くて、「明るい時間に行こう」などとは言い出すことは出来ませんでした。これは、悪友たちとひたすら走った、不思議な一夜の冒険譚です。


夜に家を抜け出すために、私は友人と銭湯に行くと両親に告げ、風呂桶を持って家を出た。

時間は、間もなく午後七時。集合場所の船岡山公園の入り口には、五台の自転車が集まった。

「あれ? みんな懐中電灯は持ってきてないの?」

夜の冒険には懐中電灯は常識だろうと、みなを若干小馬鹿にして「博士」が言った。あだ名のとおり、我がクラス一番の天才だ。

「俺は傘を持ってきたぞ」

気の良いポッチャリさんの「ブヒ」が自慢げに傘を見せたが、残念、今夜は降水確率ゼロパーセント。

「俺は博士が持ってくると予想してたもんねー！　だから手ぶらで来た」

いつも強気で負けず嫌いの通称「パッチ」は、ガキ大将タイプで人情家。小学生の時はいつも半ズボンだったが、ある冬の日に、なぜかパッチをはいて来た。ちなみに、関西弁で、タイツのことをパッチという。

「僕はみんなの分もジュースを持ってきたよ」

新入りは小学生のときに東京から転校して来てから随分経つのに、未だに「新入り」と呼ばれている。ジュースを人数分持ってくるあたり、やっぱり新入りだ。

「この銭湯道具一式が役に立つ時が来るだろう」

予言者っぽく、桶を高々と掲げてやった……誰かツッコめよ。日野日出志という ホラー漫画家のファンで、あだ名はそのまま「ヒデシ」。特技は怪談のお調子者、私自身である。

メンバーは以上五名。「それじゃあ出発しますか」と、パッチがみんなの顔をのぞき込むように言った。

「その前にルールを作ろう」私は言った。

「どんなルール？」

「ルールは一つ。絶対に走らないこと」

「賛成、賛成、大賛成」足の遅いブヒは強く支持する。

「よし、じゃあそうしよう。もしもこのルールを破ったら、ドラえもんパンチな」

そう言いながらパッチは拳を作って見せた。つまり、グーで殴るぞということだ。

「ジュースは無事に帰ってこられたらみんなで飲もうね」

新入りはそれぞれの自転車のカゴに一本ずつジュースを入れてくれた。いい奴だ。


いよいよ暗くなった船岡山公園に足を踏み入れる瞬間が来た。闇に隠されつつある坂道を見上げると、昼間は丘だと思っていたが、標高の高い山の入り口にすら感じられた。

最初に歩き出したのは、懐中電灯を持って来た博士だった。そして、博士を中心に、団子のように固まって、みんなで、真っ暗な坂を上り始めた。

道は、最初こそ幅が広くて五人横一列でも歩けるほどだったが、しばらく進むと、徐々に幅が狭まってくる。左右の雑木林が、私たちに迫ってくるように感じられた。

「何かいたぞ！」

私は雑木林の方を指さして言ってみた。もちろん冗談だ。

すると、博士が、「ど、どこに、どこに」と慌てて雑木林を照らす。

博士の慌てるさまを見て、相当怖がっているのだと私は瞬時に見抜いた。

博士が照らした雑木林は、真っ暗な中に、懐中電灯の明かりが丸く光り、その光景が、どこかで見たホラー映画の一シーンに思えてきて、弥が上にも怖さが増してきた。いらぬ冗談だったとすぐに後悔した。

「ヒデシの気のせいやろ」そう言ったパッチの声まで震えている。

新入りとブヒは、二人で抱き合いながら黙っている。

ここにいる全員が怖がっている。怖がっていない者は一人もいない。そう思うと、言い知れぬ恐怖が私を襲った。

「先に行こ」

私は先を急ぐようみんなを促した。すぐ先のカーブを曲がれば、そこには街灯があったはずだ。

果たしてカーブを曲がり切ると、薄暗く光る街灯があった。

街灯は、頂上に続く道を照らしていた。道の左右には、セメントで作られたベンチが向かい合って並んでいる。

懐中電灯を持っていた博士が、反則ギリギリの速度で、街灯めがけて早歩きをし始めた。つられてみんなの速度も上がる。ブヒなどはもう完全に走っていた。

「一旦休憩だ」

私は片方のベンチに腰掛けた。隣には、ブヒが息を切らせて座ってきた。

「ブヒ、ドラえもんパンチ決定な」

向かいのベンチに座りながらパッチが言った。

「俺は、博士が走ったからそれについて行っただけで……」

「いやいや、僕は走ってないよ。あれは早歩き。地面から両足が浮いてなかったもん」

みんな明かりの下でわいわい言い合っていると、少し心に余裕が出来た。

「もうそこが頂上だよね。早く行って降りようよ」

そんな新入りの言葉に、一瞬みんなが凍り付いた。

頂上付近の向かい合ったベンチ――そう、ここが事件のあった場所だったのだ。

みんな一斉にベンチから腰を浮かして、頂上に向かって早歩きを始めた。

そこからすぐに頂上に着いた。辺りは真っ暗だ。

「オッケー、頂上制覇やな」

「おし、降りよう」

そう誰かが言うと、さっさとベンチのある方にみんなで降り始めた。

「降りたらジュースが待ってるね」

「ジュースは何ジュース」

「リンゴジュース」

「それなら、五個のリンゴジュースやから、ゴリンジュウ」

みんなで大爆笑をした。長い冒険に成功したように気分は上々だった。

その直後、五人は見えないガラスにでも当たったかのように、足を止めた。

ついさっき座っていたセメントのベンチに、背広姿の男性が、左右に二人ずつ腰掛けている。

「誰？　あの人達……」

静まり返った道に、ブヒの泣きそうな声が響いた。

「静かにしろ！」

小さな声でパッチが答えた。

こちらからは街灯があるので見えているが、向こうからは暗闇で私たちはおそらく見えていないだろう。博士もすぐに気付いたのか、懐中電灯のスイッチを切っている。

「も、戻ろうか」

新入りがそう言った。パッチも博士も何も答えない。

「いや、行こう」

私は小さな声だが力強くそう答えた。この道以外にも下に降りる道があることは知っていたが、この道よりも暗くて怖い。それに、恐怖心を、湧き上がった好奇心が押さえ込んでいたのだ。

それは、ベンチに腰掛けた背広姿の大人たちが、何かを話している声が微かに聞こえたからだ。ハッキリとは聞こえてこないが、確実に何か話をしている。もうすこし進めば聞こえそうだ。私はすこしずつ、ベンチに向かって歩き始めた。

みんなは仕方なく私に続いて歩き出した。おそらく、ここに残ることも、引き返すことも怖い。今は好奇心で歩く私に従うほかに選択肢がなかったのかもしれない。

背広の男性達は、向かい合って、相変わらず何か話をしている。ベンチとベンチの間は、二メートル程。そこを真っ直ぐに突き進む。

そして、その間を通り過ぎる瞬間、「前を通りまーす」と、まるで電車の車掌さんのように私は声を出して通り過ぎた。その瞬間、なんとも言い表せない異様な会話が耳に入ってきた。

気がつくとみんな暗い坂道を走り出していた。意外なことに、ブヒが一番先頭にいる。そのままノンストップで自転車の所まで走り降りた。

「何だよ、あの人達」息を切らせながらパッチが言った。

「そんなことより、あの会話聞こえた？」

「とりあえずここから離れよう」

そういって、公園の入り口から出ようと自転車にまたがったその時、坂の上からこちらに向かって、ものすごい速さで奴らが降りてきた。

そして口々に、ベンチを通り過ぎる時に聞いた、あの不思議な言葉を早口で発している。

「レロライナカハニ、エテラフラフイガイ……」

「うわーーー!!」

みんな大声を出しながら自転車でその場を離れた。全力疾走のまま、公園近くの船岡温泉という銭湯まで走った。とにかく人がたくさんいる場所まで行かねばと思っていた。必死だった。そのぶん、人の往来に飛び出しあっという間に日常が戻ってきた瞬間は、拍子抜けしたというか、自分たちが馬鹿に思えたというか……。むしろ人気のない公園から、必死の形相で自転車を漕いでくる一団は、さっきの坂道を疾走してきた背広男たちと同じくらい衝撃的だったはずだ。

みんな汗だくだったので、そのまま銭湯に入った。

「な、風呂桶が最後に役に立つやろ!」

「いや、ヒデシ君、最後に役に立つのは、風呂上がりの一杯、リンゴジュースやで」そう言って新入りは笑った。

今もってあの背広の男性たちが誰だったのかは謎のままです。いや、存在したのかどうかすら怪しい。しかし、あの夜の経験は、私に未知なるもの、不可思議なものへの扉を開いてくれました。同時に、あれ以来、私たち五人は、いたずらに心霊スポットに行くことをやめようと誓い合いました。

悪ふざけ

「久しぶり、元気？」

そう電話をくれたのは、幼馴染みのA君でした。

A君とは、小学校からの付き合いで、大人になってからも遊びに出掛けたりする仲でした。しかし、彼が結婚をしてからは、自然と会う回数が少なくなり、彼の声を聞くのも約五年ぶりでした。

久しぶりの電話に私は、どこかに遊びに行こうというお誘いかと思いましたが、用件は全く違うものでした。

「久しぶりの電話でこんなことを言うのも何なんやけど……」

A君は何か話しづらそうでしたが、ぽつりぽつりと聞かせてくれました。

父親が他界後、A君は奥さんと、自分の母親と三人で暮らしています。その母親が最近、変なことを言うので、いっぺん聞いてみてくれないかというのです。

A君の家は、私のお寺から車で十分程。A君の休みに合わせて、私が出向くことにしました。

数日後、A君の家に行くと、玄関先でまず迎えてくれたのは、ペスと名付けられた、大型犬のゴールデンレトリーバーでした。私が知っているペスは、まだ子犬の頃だったので、こんなに大きくなっているのには驚きました。その頃の記憶があるのか、私に愛想良くしっぽを振って迎えてくれます。

「久しぶり、突然にごめんな」

玄関の奥から、A君が顔を出して、私に上がるように促してくれました。

台所には、奥さんと、A君のお母さんが、私が来るのを待っていてくれました。

A君の母親は合掌しながら、「こんにちは、忙しいのにごめんね」と頭を下げておられます。大丈夫ですよと返しながら様子を伺うと、見た目には相変わらず陽気な関西のおばちゃんといった印象です。

「お久しぶりです」そう言いながら、お茶を出してくれたのは、A君の奥さん。こちらも元気そうに見えます。

「早速で悪いけど、聞いてやってくれる」

A君は私にそう言いながら、母親に話を切り出すきっかけを与えました。

「実はね、もう半分解決したみたいなもんなんやけど……」とA君の母親が切り出したその話は、私が今まで見聞きしてきた話の中でも、かなり興味深いものでした。

A君の母親がお風呂で、髪の毛を洗っていた時のこと。A君の母親は髪の毛が肩よりも長いため、前かがみになって髪の毛を前に垂らして洗い、洗い終わったら、歌舞伎の連獅子のように、頭を回して髪の毛を後ろに戻すのだそうです。髪の毛を後ろに戻すまさにその時、誰かに後ろからぐっと引っ張られました。それも生易しい力ではなく、思わず顔が天井を見上げてしまう程きつく。そして、天井を見上げると同時に、ぱっと離されたそうです。これが、ちょうど二週間前から始まり、未だに続いているというのです。

ここまで話して、「三木君は何やと思う」と聞いてこられましたので、三つ、気になる疑問を挙げました。

まず一つは、A君もA君の奥さんも、共に比較的髪の毛が長いが、二人は引っ張られないのかということ。

答えはノー。二人は一度も引っ張られたことがなく、母親がおかしくなってしまったのかと心配になって、私に電話したのでした。

二つ目に気になったのは、二週間前から始まったということです。もしかしたら、二週間前に何か原因になる出来事があったのではないのか。

そして三つ目。A君の母親が話し始める前に、「もう半分解決した」と言ったのはどういう意味なのか。

A君家族は、間違いないという確信を得たかのように三人で頷き合うと、二つの疑問の答えを話し始めました。

やはり、ちょうど二週間前にこの怪現象を解く鍵があったようです。

二週間前、A君の母親は、近所に住んでいた知人女性の引っ越しを手伝いに行きました。業者の人たちがテキパキと順調に進めて、引っ越し作業も終わりに近づいた頃、

「それは捨てるので、トラックに乗せないでください」

と、知人女性が引っ越し業者さんに声を掛けました。引っ越し業者の方の手には、三十センチほどの人形がありました。プラスチック製で、キューピー人形を大きくしたような物だったそうです。そして、頭からは、長い茶色の髪の毛が腰の辺りま

で伸びていました。

「その人形捨てるの？」

「うん、私が恐がりなのをおもしろがって、友達がどこかから持って来たの。捨てようにもなんだか恐くて、だからこの際、引っ越し業者さんに処分してもらおうと思ってね」

　この時、A君の母親は、退屈しのぎの冗談のつもりで、その人形を手に取ると、「私も連れてってよー」と言いながら、人形を知人の顔に近づけました。「本当にやめて」と怖がる知人の姿に、引っ越し業者さんも笑っています。

　ウケると分かると更に脅かしたくなってくるのが関西人の性。A君の母親は調子に乗って、その人形の髪の毛を引っ張ってみました。すると簡単に抜けてしまい、斑（まだら）に髪の毛が抜けたその人形は、さらに不気味になりました。更に脅かすと、知人は目に涙を浮かべ始めたので、さすがに悪ふざけが過ぎたかと気付き、そこで止めたのでした。

　それからしばらくして、引っ越し業者さんのトラックが、先に引っ越し先へと出発しました。その時、気がつくと、捨ててもらうはずの人形が、そのまま部屋の中に忘れられていたのです。知人の女性は恐がってとても持って行けそうもないし、怖がらすための冗談とはいえ、髪の毛を抜いてしまったという罪悪感もあって、その人形はA君の母親が引き取ることになりました。

その人形をこの家に持って帰って来てからだとA君の母親は断言します。お風呂場で髪を引っ張られるようになったのは。

私はここまでの話を聞いて、正直な感想を述べました。

お風呂場で髪の毛を引っ張られたという現象は、現実に体感を伴ってA君の母親が体験したことで、しかも一回だけではなく、連日ということは、嘘でない限り事実だと思う。しかし、いくらなんでも人形がそんな現象を引き起こすことが出来るのか。科学的に考えれば不可能であることは間違いない。仮に何らかの霊的現象だとしても、二週間前という時間的一致があるだけでは、人形の仕業だと断定は出来ないように思う、と。

「さすがやな。実は、半分解決してるって言うたのは、犯人が人形であるという確証があるからなんや」

そう言って、A君の母親は再び話し始めました。

最初の一週間は、どう抗うことも出来ずにただ髪の毛を引っ張られ続けたそうです。しかし、このままではされるがままやと、A君の母親は、秘策を考えついたのです。それは、髪の毛を洗い終えて、髪の毛を後ろに振る瞬間、フェイントをかけて、逆の方向に顔を素早く向けるというものでした。

フェイントの効果はあって、後方から、甲が盛り上がり、指の短い手が、A君の母親の額にぶつかって消えたというのです。その時に目にしたあの手は、まさしくあの人形の手だというのです。

A君の母親が、半分解決したというのは、犯人が人形であるということを突き止めたからだったのです。

ただ、犯人は分かったものの、あの人形をゴミのように捨ててしまうのも、何だか恐いし、解決方法が分からない。そこで、三木君に来てもらったんやと、A君はそう言いました。

「今、その人形はどこに置いてあるんですか」

「二階の部屋の押し入れに入れてある」

私は、こんな現象があるのかと驚きながらも、その人形をお寺に連れて行くことを約束しました。

突然、激しい雨が降ってきました。タイミングのよさにA君も母親も二階の押し入れに人形を取りに行くのを怖がり、結局、私が取りに行くことになりました。

「それじゃあ、二階に上がらせてもらいます」

階段を上ろうとしたそのとき、猛烈な勢いで私の足下に何かが体当たりしてきました。それは、ゴールデンレトリーバーのペスでした。ペスは私を睨むようにして、唸り声を出しながら威嚇してきたのです。

A君の家族も驚いて、なんとかペスをなだめようとするのですが、ペスは私の前に立ちはだかるようにして唸っています。A君の家族も、ペスが威嚇するような声を聞いたのはこの時が初めてだったそうです。

私が二階に行くのが問題なのかもしれないと、台所のテーブルに戻るとペスは落ち着きを取り戻し、大人しくなりました。この様子を見ていたA君の奥さんが、意を決し、「私が取ってきます」と二階へと上がっていきました。おそらく、一刻も早く人形を処分したいと思ったのでしょう。

私は、A君とA君の母親と共に台所で待つことにしました。外はまだ雨が降っているようで、サッシ越しに雨音が聞こえてきます。

それから五分以上が経ちましたが、奥さんが二階から降りてくる気配はありません。A君が何度か階段の下から奥さんに声を掛けますが、どこにあるのか、見つからない、と返事が返ってくるばかりです。

とりあえず原因にはたどり着けそうだという見通しもあったので、お寺の用事のために、ひとまず失礼することにしました。

玄関を出ると、雨は小雨に変わっていました。私は車を近くのパーキングに止めていたので、A君家族に挨拶すると、小走りにパーキングに向かいました。

しばらく走ると、後ろから、A君の奥さんが、傘を持ってこちらに走ってきてくれたようです。立ち止まり、奥さんを振り返ったその時、

「えっ、誰？」

私は思わず大きな声を上げてしまいました。

私に向かって走ってくる奥さんの肩に小さな子供が乗っていたのです。

奥さんが私の前まで来ると、その子供は私の耳元にいきなり顔を近づけて、大きな声でこう言いました。

「お前が注意しなくてどうする！」

私は思わず上体を反らして奥さんを見ました。「どういうことですか」と聞いても返事はありません。あらぬ方を見ながらひとり話す私を、奥さんは不思議そうに見ていましたが、何事もなかったかのように傘を差し出し、引き返していきました。

その後ろ姿には、まだ子供が肩車されています。呆然と見ていると、その肩車された子供が振り返りました。そして、子供とは思えない憤怒の顔をして、こちらに何やら言っています。しかし、私の耳にはその声は届きませんでした。その子供は、茶色の長い髪のキューピーのようでしたが、ところどころ斑に髪がなかったのです。まさしくA君の母親が説明した人形と一緒でした。

私は、再びA君の家へと踵(きびす)を返しました。すべてが分かったように思ったからで

す。

あの人形が、どこで作られ、どのような経緯で、A君の母親の知人の元に来たのか、細かなことは分かりません。しかし、あの人形が言いたかったことは、「悪ふざけも行きすぎてはならない」ということだったのではないか。知人が嫌がっているのを承知で脅かし続け、あまつさえ自分の髪の毛まで乱暴に抜いて詫びのひとつもないA君の母親に腹を立てたのだ、私はそう感じました。そして、彼女が何の反省もしていないのに、お寺に連れて行かれたくなかったのではないか。

A君の母親は、私の話に納得して、人形に謝ることを約束されました。その時、二階で何か音がしました。みんなで見に行こうとすると、階段の下には、その人形が落ちています。もう気味が悪いとは誰も言いませんでした。A君の母親は、何度も人形に謝りました。そして、人形をお寺に連れて行き、供養しました。

それ以降、A君の母親がお風呂で髪を引っ張られることはなくなったのでした。

この一件で、思い出したことがあります。幼い頃、友達と喧嘩して、なかなか謝れず、学校に行くのが気まずくなった時がありました。でも勇気を出して「ごめん」と言った日から、また前のような友達に戻り、楽しく学校に行くことが出来るようになりました。

こちらが悪ふざけのつもりでも、相手にとっては、傷ついたり、辛かったりすることがあります。それに気づいた時には、素直に謝る勇気を持つことが大切なのです。これは、あの人形から教えてもらった大切な教えなのです。

自殺志願者

「首を吊ろう。そう思ったんです」

塩崎さんは、そう語り始めました。

三十代の頃に建築関係の会社を立ち上げられたそうです。しかし、十五年程が過ぎた頃から経営が苦しくなりました。従業員さんの給料さえも払えなくなり、やがて、夜逃げ同然に家を出られたそうです。

「私の両親はすでに他界しており、兄弟もいません。それに妻も子もいません。まったくの独り者ですから、現実から逃げ出せばそれで終わり。そう思っていました」

夜逃げを決めたのは桜もそろそろ散りはじめた、五月のゴールデンウィーク最終日の明け方だったそうです。

塩崎さんは、うつむいた顔を上げて、ゆっくりと話をしてくださいました。

私は、従業員はもちろん、知人にも行きつけの居酒屋さんにも、何も言わずに夜逃げをしました。リュックには家にあった、なけなしのお金と少しの衣服だけを入れました。

借金をしていましたから、その返済が出来ないことに深い罪悪感がありました。言うまでもなく従業員に対しても同じです。しかしこれ以上頑張ったところで何も上手くはいかない、いっそ死んでお詫びしよう、そうとしか思えなくなっていたんです。

ただ道行く人々を見ているだけでも辛くて、なぜ自分だけがこんなに苦しんでいるのかと腹立たしく、そして、悲しかった。命を絶つにしても、人様に迷惑が掛からないようにしなければなどと、最後の最後まで、世間に後ろめたい気持ちを抱えている自分が情けなかった。それでも、死に場所を探して色々な場所に行き、結局、関東にある大きな森に決めたのです。この森は自殺する方が多いことで有名で、あまり人が入り込まない場所です。ですから誰にも迷惑が掛からないだろうと思ったのです。

私がその森に着いたのは、夕方近くでした。森の入り口には、至るところに自殺防止のための看板がありました。

「もう一度、一緒に考えよう　電話○○○－○○○○」

「親からもらった命は大切にしよう」

私のような、どうしようもない人間を助けようとしてくださる方もいるのかと思うと、看板を読んでいるだけで涙が出てきました。なかには、

「自宅で死ね、お前の葬儀代に地元民の税金が使われている」

という看板もあり、確かに発見されたら、警察の方々にも迷惑が掛かってしまう、絶対に見つかってはいけないと強く思いました。

私はまだ少し明るいうちに、森の奥深くまで行こうと足を踏み入れました。幸い誰にも会わずに森の中に入れました。一心不乱に奥へ奥へと歩きました。周りを見ると、さっき自分がどこから来たのかすら分からなくなっていて、森の怖さを感じました。

ある程度深いところまで着いたと判断して、そこで最後の晩餐をいただくことにしました。とは言っても、コンビニで買ったパン一つと缶コーヒーです。あまりお腹も減っていませんでしたが、ゆっくりと味わいながら口に流し込みました。食べながら今までの自分の人生を振り返りましたが、不思議なもので、思い出されるのは幸せだった時のことばかり。こんな最期を迎えようとしているのに、意外と自分

は幸せだったのかとはじめて思い至りました。

パンと缶コーヒーを食べ終わった頃には、辺りはかなり暗くなっていました。そろそろ準備をしよう。私はここに来る途中に買ってきた、荒縄のロープをリュックから出しました。

この紐を括り付けるのに適した木はないか探しました。しかし、なかなか見つかりません。しっかりした枝がある木を見つけても、そこまで登ってロープを括り付けなくてはいけません。ここではじめて気付いたのですが、そんな好条件の木は滅多にないんです。

とくに私は運動が得意な方ではありませんので、木に登るなど至難の業です。出直して包丁かナイフを買いに戻ろうかとも考えましたが、それを買うお金すら残っていませんでした。本当に最後まで冴えない自分が、心底嫌になりました。

そんなことをしているうちに、辺りはすっかり真っ暗になっていました。私はこのまま餓死出来ればそれでもいいかと思い、その場に横になりました。

地面は想像以上に冷たくて、長時間横になっているのは難しく、私は倒木を見つけて、それにもたれながら寝ることにしました。

辺りは静かで物音一つしません。月明かりも木々に遮られて下までは届きません。それでも最後にお月さんが見たいと思い、天を仰いでいました。

その時、一瞬何かが木の上で動いたように見えました。そして、静かな森に、ガサガサと枝が動く音がしたのです。皮肉なものです。死のうと決めて怖いものなどないはずなのに、得体の知れない何かに恐怖を感じていました。

身を強ばらせて倒木の陰にいると、再びガサガサと音がしました。私は目をこらして音が聞こえて来た方を見ました。すると、五メートルほどの高さの木の枝付近で、はっきりと何かが動いていました。倒木の上に上半身を乗り出して凝視すると、枝の上で動いている黒い影、それは明らかに人間の影でした。その影は、やがて枝の上にブランコにでも腰掛けるように座ると、一気に枝から飛び降りました。

「自殺だ」

私はそう思うと同時に倒木を乗り越え、無我夢中にその木に登ろうとしました。

「早まるな！」

そう無意識に叫びながら枝まで行こうとしたその時、ドンッという音とともに、土の上に黒い影が落ちてきました。

「痛ったあ……」

太い男性の声が聞こえて、そちらを見ると、首を押さえた男性が倒れていました。

「大丈夫ですか」

私が声を掛けると、男性は悲鳴に似た声をあげて驚きました。

男性は「生きている方ですか」と私に聞いて来ました。さっきまで無我夢中だった私は、この質問に正気に戻りました。

「あ、はい、生きています」

「そうですか。地元の方ですか」

「いいえ、違います」

「ではここで何をされていたんですか」

私は正直に自殺しに来たことを伝えると、なぜ自殺しに来た人が私の自殺を止めたのかと聞かれました。

自分でも不思議でした。自殺するために来たのに、なぜか他人の自殺は放っておけなかったんです。

この男性は、倒木や木の枝を使ってようやく目的の枝に辿り着き、ロープを括り付けると、輪っかを作って首に通して飛び降りたのだそうです。しかし、首に括り付けた輪っかが解けてしまい、落ちてしまったのでした。

「どうやらお互い最後まで鈍くさい人生ですね」

そう男性に言われて、思わず二人して笑ってしまいました。

辺りが暗く、お互いに顔が見えにくいからか、言いたいことを言い合えて、まるで昔からの知り合いと再会したような気分になりました。

こんな安堵感、楽しい気分になれたのは久しぶりで、気が付いた頃には辺りには日の光が差し込んでいました。男性の顔を見た感じでは、私よりも十歳程年上のように見えました。

自殺の機会を失った私たちは、お互いこのまま分かれるのが惜しくなり、いったん森から出ることにしました。

二人で森の出口を探しながら、何時間も歩きました。決して辛い時間ではなく、むしろ楽しい時間でした。

何とか森から抜け出すと、男性がこう言ったんです。

「私はまだ少しお金を持っていますので、このお金が無くなるまで二人で近くに宿泊しませんか」

私はお金がありませんでしたが、その分も出してくださるというので、それに甘えて近くの宿に宿泊することにしました。

お風呂に入り、晩ご飯を二人でいただきました。お互いこれまでの人生で、辛かったことや楽しかったことなどをたくさん話しました。男性も元々会社を経営されており、私と同じような人生を辿っておられました。しかし、お互い話さないでおこうと決めたことが一つだけありました。それは、名前です。互いに名乗ってしまえば、きっと情が湧いて、自殺が出来なくなることを恐れたからです。

宿に泊まって、三日目の朝、男性から明日の朝に宿を出ようと提案されました。そして最後にこんな話をされたのです。

「自殺しようとしている男がこんな話をするのはおかしいけど、あなたは、もう一度人生をやり直してみてはどうかな」

しかし、私はお金もないし、たくさんの人を裏切ってここにきたので、今更やり直せない。私はそう言いました。

「そうですよね」

ご自分も似たような境遇だったのでしょう。頷く顔は酷く悲しそうでした。

次の朝、目が覚めると男性が部屋にいませんでした。宿の方から、男性は朝早くに宿泊代を精算して、宿を出られましたよと教えていただきました。

これから死のうという人間同士が、最後に何か言葉を交わすと決意が揺らぐと思われたのかもしれません。

私も宿を出ようと部屋に戻ってリュックを持ち上げると、明らかに重くなっています。不思議に思ってリュックの中を見ると、大きな封筒が入っており、封筒の中には、なんと百万円近くの大金が入っていました。

「もう一度だけ頑張ってみてください」

封筒に書かれた男性の最後の言葉を握り締め、私は宿を飛び出して、彼を探しましたが、残念ながら見つけることは出来ませんでした。

　私は悩みました。死ぬほど悩みました。しかし、もしこのまま自分が自殺をしてしまったら、あの男性までをも裏切ってしまうと思い、何度も何度も迷いましたが、再び森に入ることはしませんでした。

　もう一度頑張ってみよう。男性からいただいたお金で部屋を借り、アルバイトでお金を貯めて、ついに会社を立ち上げました。今度こそは絶対に失敗しないぞ、とひたすら働きました。

　しかし――。私には何かが足りなかった。もっと早く気付くべきだった。初めこそ順調だった会社も、三年ほどして失速し、またしても倒産してしまいました。折角、あの男性からチャンスをもらったのに、それを生かすことが出来ず、私は再び深い、深い罪悪感に見舞われました。

　気が付けば駅のホームに立っていました。もう生きる気力もなく、死に場所を探すことも億劫だ、次こそは何の制止もなく死んでしまえる確実な方法だ。もう躊躇はありませんでした。私は思い切りホームから飛び降りました。

　電車はまだ入ってきていませんでしたので、ホームでは大勢の人たちが騒いでいました。私は線路の上でしゃがみ込み、電車が来るのを静かに待っていました。

　その時です。誰かがホームから飛び降り私の所にやってきました。そして私の肩を強く摑むと耳元でこう囁いたのです。

「一緒に死のう」

思わず見てしまったその人の顔にゾッとしました。目は凹み、歯はボロボロの痩せこけた男。とてもこの世の者とは思えない何者かに、私は両肩を押さえ込まれたのです。自殺のことなど吹き飛んでいました。ただただ怖くなって、必死でもがき立ち上がろうとするのですが、その何者かの尋常ならざる力で肩を押さえつけられ、立ち上がることが出来ません。

「離せ、離してくれ！」

私は自分でも驚くほどの渾身の力を振り絞って、相手の手を振り切り、線路から飛び退きました。

振り返れば、線路には、森で出会ったあの時の男性が立っていたのです。

「人生に負けるな。もう一度頑張れ。逃げずに生き抜け。俺の分も……」

言い終わる前に、電車は男性を撥ね飛ばしました。

その後、私は警察や鉄道会社から、きついお叱りを受けました。電車が緊急停止した直後、運転手は確かに人を轢いてしまったと証言されたようですが、その形跡はまったくなく、ただ自殺をしようとしたが怖くなって逃げた情けない男がいた。ただ、それだけだったのです。

「あの男性は、あの後、森に入って亡くなられたのかもしれません。線路に飛び込んできたのは、間違いなく森であったあの人でした」

塩崎さんは、その後もたくさんの苦労をされたそうですが、現在では、社員百名以上を抱える会社を経営されております。そして、売り上げの一部を毎年、慈善事業に寄付しておられます。

「塩崎さんが今回、お寺にご参拝になられた目的は、その男性の供養をされたいということですね」

そう私がお聞きしますと、塩崎さんは首を横に振られました。

「いいえ。今回ご住職にお願いしたいんです。自ら命を絶った方々、すべての霊に対して供養をお願いしたいいことは、自ら命を絶つことは、間違ったことだと思います。ですが、それしか方法がないと思いつめた方々には、死後に後悔されている方もおられると思います。ですから、すべての自殺をされた方々の霊に供養を続けて行きたいんです。そのために、今までもこれからも頑張ろうと思っています」

塩崎さんは今も供養を続けておられます。あの森で出会った男性も、あの世から応援されておられるでしょう。その証拠に、塩崎さんの肩口には、首に痣のある男性が笑っておられました。

うか。

変えることはできると、私は思います。では何を心がけたらよいのでしょ

運は人智を超えたものかもしれませんが、その人の心がけ次第で運命を

運のよい人と、悪い人には、一体どのような違いがあるのでしょうか。

~言の葉~

答えは大きく分けて二つあります。その一つは「言葉」です。

人の運命の「運」というものは、その人がどのような言葉を発するかですべて決まります。

言葉は、「言の葉」とも呼びます。すなわち、人生を大きな木に例えれば、言葉は葉っぱであり、この葉っぱの部分が悪いと、栄養が行き渡らず、木の幹そのものも悪い物となってしまいます。

また、「文字」も魂を持っており、悪い文字、すなわち悪口を書くという行為も、人生の木を腐らせる要因になります。

運のよい人は言葉が綺麗で、言葉の悪い人は運がよくないのです。

そして、もう一つの要因は「行い」です。

いくら良い言葉を使って繕ってみても、行動が悪ければ幸運も差し引きされてしまいます。逆に正しい行いを続ければ、自ずと運は開けていきます。

幸運になりたいと思われる方は、言葉と行動を正しく保つことが大切なのです。

あとがき

現在、各地で「怪談説法」と銘打って、怪談ライブをさせていただいておりますが、その切っ掛けは、深夜の公園にたむろする若者達でした。

当時大学を出たばかりの私は、まだ継ぐお寺が決まっていませんでしたが、仏教を広めたいという、やる気だけは人一倍持っておりました。

そこで私は、布教の出来る場所を求めて、夜の公園に行きました。そこには、十代の若者が数名おりました。なぜ夜の公園かと言いますと、遅い時間に公園にいるということは、時間を持て余しているはずだと思ったからです。

「こんばんは」と私は声を掛けましたが、最初はまともに取り合ってはくれませんでした。

そこで、お坊さんがする怪談話を聞きたくないかと誘ったところ、たくさんの若者が集まってくれました。やがて、ひと月に何度も色々な場所で怪談話をするようになったのです。

私の怪談話に耳を傾けながら、お話の中にある、生きている人間の役割や、仏教的な考え方など、色々なことをお話しするようになりました。

これが、怪談話から学びを得るという怪談説法の始まりでした。

時々、テレビやラジオに出演させていただいておりますが、そこには時間的制約があるため、ただの怖い話で終わったり、お説法までは必要とされないことがあります。ですので、本来の怪談説法は、ライブでしかお話しすることが出来ません。

今回、前作『怪談和尚の京都怪奇譚』に続き、説法を含めた京都怪奇譚の二冊目を書かせていただけたことは、大変嬉しく有り難いことです。出版に際しては、大勢の方々にご協力いただき、誠に有り難うございました。

さらに有り難いことに、怪談界の先駆者であり、話し手としても尊敬してやまない、稲川淳二さんに、推薦文をお書きいただけたこと、誠に感謝の念に堪えません。

稲川さんとは、テレビのお仕事などで何度もご一緒させていただいておりますが、私にとっては、ただの共演者ではありません。といいますのも、私が現在も怪談説法を続けさせていただいているのは、稲川さんのお陰なのです。

私は、僧侶という立場上、怪談を話すのは不謹慎だとか、テレビに出るのは名誉欲が強いからだなど、多くの批判をいただきました。

しかし、稲川さんとお話しした際、「三木さんの怪談はお説法なのだから、くじけず続けて下さい」と仰っていただいたことがあります。

そのお言葉があったから、もう少し続けてみようと思えましたし、現在までやって参ることができました。現在でも、僧侶が怪談をすることに違和感を覚える方もおられるでしょう。お気持ちはよくわかりますが、その一方で、私の怪談説法を聞いて、仏弟子になった人もまたおられます。

続けてきて良かったと思える出来事の一つです。それも、稲川淳二さんの一言がなければ、仏縁を繋ぐことが出来なかったと思います。

あらためて、稲川淳二さんにお礼申し上げます。

最後になりましたが、何より、本書を最後までお読み下さった読者の皆様、誠に有り難うございます。皆様のご多幸を心よりお祈り致します。

令和元年　八月一日　京都　蓮久寺に於いて

三木大雲

この作品は文春文庫のための書き下ろしです。

章扉・本文挿画　ヤマザキチヱ

DTP制作　エヴリ・シンク

文春文庫

続・怪談和尚の京都怪奇譚

定価はカバーに表示してあります

2019年8月10日　第1刷

著　者　三木大雲

発行者　花田朋子

発行所　株式会社　文藝春秋

東京都千代田区紀尾井町 3-23　〒102-8008
TEL　03・3265・1211(代)
文藝春秋ホームページ　http://www.bunshun.co.jp

落丁、乱丁本は、お手数ですが小社製作部宛お送り下さい。送料小社負担でお取替致します。

印刷製本・大日本印刷

Printed in Japan
ISBN978-4-16-791336-6

（　）内は解説者。品切の節はご容赦下さい。

平松洋子
小鳥来る日
あなたの胸に幸せがコトリと届く。グールドのピアノ椅子、靴下を食べる靴、セーターを穿くおじさん、旅は「せっかく」でできている。日常にひそむ奇跡を描く72篇。（大貫妙子）
ひ-20-5

福岡伸一
ルリボシカミキリの青
福岡ハカセができるまで
花粉症は「非寛容」、コラーゲンは「気のせい食品」？　生物学者・福岡ハカセが最先端の生命科学から教育論まで明晰、軽妙に語る。意外な気づきが満載のエッセイ集。（阿川佐和子）
ふ-33-1

福岡伸一
生命と記憶のパラドクス
福岡ハカセ、66の小さな発見
〝記憶〟とは一体、何なのか。働きバチは不幸か。進化に目的はないのか。福岡ハカセが明かす生命の神秘に、好奇心を心地よく刺激される「週刊文春」人気連載第二弾。（劇団ひとり）
ふ-33-2

福岡伸一
やわらかな生命
福岡ハカセの芸術と科学をつなぐ旅
可変性と柔軟性が生命の本質。福岡ハカセの話題も生命と同様、八方へ柔軟に拡がる。貴方も一緒に、森羅万象を巡る旅に出かけよう。「週刊文春」連載エッセイ文庫版第三弾。（住吉美紀）
ふ-33-3

福岡伸一
変わらないために変わり続ける
福岡ハカセのマンハッタン紀行
福岡ハカセが若き日を過ごしたニューヨークの大学に、再び留学する。そこで出会う最先端の科学を紹介、文化と芸術を語る。科学も世界もつねに変化していく。（隈　研吾）
ふ-33-4

藤原美子
夫の悪夢
藤原正彦教授の夫人が綴る家族の記録。ユニークすぎる夫の実像、義父母である新田次郎・藤原てい夫妻の思い出、息子三人の子育て奮闘記など、抱腹絶倒のエッセイ集。（川上弘美）
ふ-34-1

穂村　弘
にょっ記
俗世間をイノセントに旅する歌人・穂村弘が形而下から形而上まで言葉を往還させつつ綴った『現実日記』。フジモトマサルのひとこまマンガ、長嶋有・名久井直子の「偽ょっ記」収録。
ほ-13-1

穂村 弘
にょにょっ記
奈良の鹿を見習って、他の県でも一種類ずつ動物を放し飼いにしたらどうだろう？　歌人・穂村弘の不思議でファニーな世界へようこそ。フジモトマサルのイラストも満載。（西 加奈子）
ほ-13-2

星野 源
そして生活はつづく
どんな人でも、死なないかぎり、生活はつづくのだ。ならば、つまらない日常をおもしろがろう！　音楽家で俳優の星野源、初めてのエッセイ集。俳優・きたろうとの特別対談を収録。

ほ-17-1

星野 源
働く男
働きすぎのあなたへ。働かなさすぎのあなたへ。音楽家、俳優、文筆家の星野源が、過剰に働いていた時期の自らの仕事を解説した一冊。ピース又吉直樹との「働く男」同士対談を特別収録。

ほ-17-2

堀江貴文
刑務所なう。　完全版
長野刑務所に収監されたホリエモン。鬱々とした独房生活の中でも仕事を忘れず、刑務所メシ（意外とウマい）でスリムな体をゲット！　単行本二冊分の日記を一冊に。実録マンガ付き。

ほ-20-1

堀江貴文
刑務所わず。
塀の中では言えないホントの話
「ほんのちょっと人生の歯車が狂うだけで入ってしまうような所」これが刑務所生活を経た著者の実感。塀の中を鋭く切り取るシリーズ完結篇。検閲なし、全部暴露します！　（村木厚子）
ほ-20-2

万城目（まきめ） 学
ザ・万歩計
大阪で阿呆の薫陶を受け、作家を目指して東京へ。『鴨川ホルモー』で無職を脱するも、滑舌最悪のラジオに執筆を阻まれ、謎の名曲を夢想したりの作家生活。思わず吹き出す奇才のエッセイ。

ま-24-1

万城目 学
ザ・万字固め
熱き瓢簞愛、ブラジルW杯観戦記、敬愛する車谷長吉追悼、東京電力株主総会リポートなど奇才作家の縦横無尽な魅力満載のエッセイ集。綿矢りさ、森見登美彦両氏との特別鼎談も収録。

ま-24-4

（　）内は解説者。品切の節はご容赦下さい。

松村賢治
旧暦と暮らす
スローライフの知恵ごよみ
「桃の節句に桃が咲いてない？」「お正月はまだ冬なのになぜ新春？」日本人が昔から知っていた、月の満ち欠け、太陽の動き……「旧暦」を今の暮らしに取り入れる格好のガイドブック。
ま-25-1

町山智浩
教科書に載ってないUSA語録
「イーストウッドする」「チナメリカ」の意味がわかりますか？次々と生まれる新語には、リアルなアメリカの今が満載。「週刊文春」の人気連載が一冊に。（小西克哉）
ま-28-4

町山智浩
アメリカ人もキラキラ★ネームがお好き
USA語録2
言葉を制する者はアメリカを制す。言葉を知ればアメリカがわかる。日々、かの国で生まれる新語・名言・迷言をレポート。週刊文春連載コラム文庫版第二弾。（モーリー・ロバートソン）
ま-28-5

町山智浩
マリファナも銃もバカもOKの国
USA語録3
ハッパ（マリファナ）のためにカウボーイとヒッピーが握手する、そんなバカげた国のリアルな今をメッタ斬り。「イスラム国」からハリウッド女優のヌード写真流出まで！（津田大介）
ま-28-6

宮城谷昌光
他者が他者であること
二十代の頃、歴史小説を侮蔑していた――。宮城谷昌光はいかにして現代を代表する歴史作家への道を拓いていったのか。書物や趣味をとおして創作への思いが見えるエッセイ集。（校條　剛）
み-19-33

みうらじゅん
人生エロエロ
「人生の3分の2はいやらしいことを考えてきた」でおなじみ「週刊文春」人気連載の文庫化。「男ってバカねぇ」と女性にも大好評、エロエロエッセイ80連発！（対談・阿川佐和子）
み-23-4

みうらじゅん
されど人生エロエロ
ある時はイメクラで社長プレイに挑戦し、ある時は「ゆるキャラの中の人」とハッピを着た付添人の不倫関係を妄想し……。「週刊文春」の人気連載、文庫化第2弾！（対談・酒井順子）
み-23-5

南　伸坊
本人伝説
安倍晋三から、バラク・オバマ、ダライ・ラマまで…国内外のビッグの顔になりきれば、本人たちの秘められた内面も見えてくる!?　究極の顔芸と風刺のきいた文章に爆笑必至の一冊。

み-50-1

水木しげる
よく食べ、よく寝て、よく生きる
水木三兄弟の教え
妖怪漫画家・水木しげるは、強烈な食欲と睡眠力の持ち主だ。水木と兄と弟は、人生の七十年以上を共に過ごし、三人揃っての三時のおやつが楽しみ。幸福長寿の秘訣、ここに極まれり。
み-52-1

向田邦子
女の人差し指
脚本家デビューのきっかけを綴った話、妹と営んだ「ままや」の開店模様、世界各地の旅の想い出、急逝により絶筆となった「週刊文春」最後の連載などをまとめた傑作エッセイ集。（北川　信）
む-1-23

向田邦子
森繁の重役読本
作・向田邦子、朗読・森繁久彌の名コンビによるラジオエッセイ「森繁の重役読本」。昭和三七年から八年に亘り放送された二四四八回から選りすぐりを収録した、邦子の本格的デビュー作。

む-1-25

向田邦子
霊長類ヒト科動物図鑑
「到らぬ人間の到らぬドラマが好きだった」という著者が、電話口で突如様変わりする女の声変わりなど、すぐれた人間観察で人々の素顔を捉えた、傑作揃いのエッセイ集。（吉田篤弘）
む-1-26

向田邦子
無名仮名人名簿
世の中は「無名」の人々がおもしろい。日常の中で普通の人々が覗かせた意外な一面を、鋭くも温かい観察眼とユーモアで綴る。笑いながら涙する不朽の名エッセイ集。（篠﨑絵里子）
む-1-27

太田　光
向田邦子の陽射し
向田邦子を誰よりも讃仰している太田光による最も誠実なオマージュ。太田が選ぶ、「読む・観る向田邦子作品」ベスト10も収録。向田ファン、向田邦子を読んでいない太田ファンへ。

む-1-40

（　）内は解説者。品切の節はご容赦下さい。

村松友視
帝国ホテルの不思議

日本のホテルの中でも明らかに特別な位置にある帝国ホテル。入口から内奥まで、誇りに満ちたおもてなしの流儀を持つ30人の職人を覗き穴に、その不思議を描き出す。（平岩弓枝）

む-3-3

村松友視
銀座の喫茶店ものがたり

日本の喫茶店文化には独特のものがある。銀座の喫茶店には更に違う何かがある。45の喫茶店を巡り、ふところ深い町の歴史とものがたりを浮かび上がらせる上質なエッセイ集。（名取裕子）

む-3-4

群　ようこ
パンチパーマの猫

「我が身の事は人に問え」「ごまめの歯ぎしり」「生まれながらの長老なし」。おかしな人、心に染みる出来事に出会って、古くからのことわざを噛みしめる群ようこの、爆笑日常エッセイ集。

む-4-12

群　ようこ
よれよれ肉体百科

身体は段々と意のままにならなくなってくる。更年期になって味覚が鈍っても、自然に受け入れてアンチエイジングにアンチでいよう！　身体各部56カ所についての抱腹絶倒エッセイ。

む-4-15

山田詠美
ライ麦畑で熱血ポンちゃん

当代を代表する作家の日常が、ポップでリズミカルな文体で綴られるエッセイ集。身辺雑記風でありながら、現代風俗や言語に関する鋭利な感性が随所で胸に刺さる。とびきり贅沢な一冊。

や-23-9

山本一力
大人の説教

寡黙な人間の価値、後の世にツケを残さない政治家の見識、安売りをしない老舗の家訓。日本人の美徳を取り戻せ！　綺麗ごとの意見に満ちた現代に風穴を開ける、力強いエッセイ集。

や-29-24

山内マリコ
買い物とわたし
お伊勢丹より愛をこめて

週刊文春の人気連載「お伊勢丹より愛をこめて」が書き下ろしを加えて一冊に。蚤の市で買ったお皿からハイブランドのバッグまで、カラーイラスト満載で紹介するお買い物エッセイ。

や-62-1

行正り香
やさしさグルグル
簡単でおしゃれなレシピの秘密と、ハイセンスな生活提案、感謝と思いやりの人づきあい、周り中を笑顔にしながら美味しく美しく生きるヒントが満載。レシピ30もついた贅沢なエッセイ集。

ゆ-10-1

吉村　昭
歴史の影絵
江戸の漂流民の苦闘、シーボルトの娘・イネの出生の秘密、沈没した潜水艦乗組員たちの最期。史実に現れる日本人の美しさに触れつつ歴史の〝実像〟を追う発見に満ちた旅。（渡辺洋二）
よ-1-39

横尾忠則
インドへ
ビートルズに触発され、三島由紀夫に決定づけられて訪れたインド。芸術家の過敏な感性をコンパスとして、宇宙と自己、自然と芸術を考える異色旅行記。カラー口絵二十三ページ付。

よ-2-1

米原万里
ガセネッタ&シモネッタ
名訳と迷訳は紙一重。ロシア語同時通訳の第一人者が綴る、大マジメな国際会議の実に喜劇的な舞台裏を描いたエッセイ集。ガセネタも下ネタも、ついでにウラネッタも満載!!（後藤栖子）
よ-21-1

米原万里
ヒトのオスは飼わないの？
ヒトのオスにはチトきびしいが、動物には惜しみなく愛をふりそそいでしまう。イヌ二匹、ネコ四匹、ヒト二人の波乱万丈な米原家の日常を綴った傑作ペット・エッセイ集。（田丸公美子）
よ-21-3

米原万里
終生ヒトのオスは飼わず
2006年に世を去った著者が愛した毛深い家族たち（猫4、犬3）はいかなる運命をたどったのか。『ヒトのオスは飼わないの？』の続編と、家族の思い出を綴ったエッセイ集。（宇野淑子）
よ-21-5

米原万里・佐藤　優　編
偉くない「私」が一番自由
佐藤優が選ぶ、よりぬき米原万里。メインディッシュは初公開の東京外語大学卒業論文。単行本未収録作品も含む傑作エッセイを佐藤シェフの解説付きで紹介する。文庫オリジナル。

よ-21-7